500

recetas para wok

500

recetas para wok

auténticas recetas asiáticas, rápidas, fáciles y frescas

BLUME

Michelle Keogh

BLUME

Título original *500 Stir-Fry Dishes*

Edición Julie Brooke, Leah Feltham, Emma Bastow, Mark Searle
Dirección de arte Michael Charles
Fotografía Ian Garlick
Estilismo culinario Jenny Brown
Diseño Rod Teasdale
Traducción Ana B. Barrio Fernández
Revisión de la edición en lengua española
Eneida García Odriozola
Cocinera profesional
(Centro de formación de cocineros y pasteleros de Barcelona Bell Art)
Especialista en temas culinarios
Coordinación de la edición en lengua española
Cristina Rodríguez Fischer

Primera edición en lengua española 2019
Nueva edición 2025

© 2019, 2025 Naturart, S.A. Editado por BLUME
Carrer de les Alberes, 52, 2.°, Vallvidrera
08017 Barcelona
Tel. 93 205 40 00 e-mail: info@blume.net
© 2025 Quarto Publishing plc, Londres

ISBN: 978-84-10469-54-9
Depósito legal: B. 3968-2025
Impreso en China

WWW. BLUME.NET

MIXTO
Papel | Apoyando la
silvicultura responsable
FSC® C016973
FSC
www.fsc.org

contenido

introducción

Cocinar con wok es muy sencillo. Al igual que sucede con los estofados, todos los ingredientes se cocinan en un mismo recipiente. El método se basa en la utilización de una pequeña cantidad de aceite muy caliente que cocina todo con rapidez y conserva los nutrientes. La preparación puede realizarse con antelación (incluso se pueden tener ya cocinados el arroz o los fideos) para que la comida esté lista en cinco minutos, algo ideal si queremos un plato sano y sabroso cuando disponemos de poco tiempo. Pero, sobre todo, se trata de un método de cocina divertido y fácil de aprender.

Los recién llegados al mundo del wok encontrarán en este libro información sobre cómo elegirlo y utilizarlo, así como sobre el resto de utensilios que pudieran necesitar. El glosario (página 280) describe los ingredientes especiales que aparecen en las recetas, aunque la belleza de los platos con wok es que todo puede sustituirse sin que el resultado pierda la autenticidad. Por ejemplo, si no nos gusta el picante extremo de las guindillas ojo de pájaro podemos usar guindillas largas, que tienen un sabor más suave; si no encontramos galangal, podemos emplear jengibre; y lo mismo sucede con los tirabeques, que podemos sustituir por judías verdes.

el wok

El wok es uno de los utensilios de cocina más comunes en China y sus usos son muy variados: puede utilizarse para cocinar a la parrilla o al vapor, así como para freír, hervir, estofar, escalfar, dorar, guisar, ahumar o asar. Se caracteriza por su forma de cúpula invertida con base redondeada, si bien en ocasiones dispone de una base plana parecida a la de una sartén, y puede usarse en una cocina eléctrica (la base redondeada no dispone de una superficie de contacto suficientemente grande, por lo que no se calienta de manera adecuada). No obstante, los woks de base redondeada permiten mover con facilidad la comida, la clave de la técnica: si la comida no se mueve una y otra vez se puede quemar. La base redondeada funciona mejor en los quemadores de gas, y algunas cocinas disponen de un quemador de mayor tamaño solo para woks que cuenta con un bastidor para sujetarlos.

Por lo general los woks se fabrican con hierro fundido o acero al carbono, pero también podemos encontrar algunos con revestimiento antiadherente o elaborados con acero inoxidable o aluminio. Todos los tipos de woks tienen

En las cocinas eléctricas debe utilizarse un wok con la base plana. Para mover los ingredientes se utiliza una espátula.

ventajas e inconvenientes, y al elegir uno conviene informarse sobre la durabilidad, el peso, el modo en que se distribuye el calor y el tiempo que tarda en calentarse o enfriarse, ya que unos pueden ser más apropiados que otros para una cocina, una fuente de calor o un tipo de ventilación determinados.

Para elaborar las recetas de este libro lo mejor es utilizar un wok, si bien es posible emplear una sartén de base gruesa (preferentemente de acero inoxidable) con los bordes inclinados. Una sartén tiene menos capacidad que un wok, ya que los bordes son más bajos, por lo que deberemos tener cuidado de no llenarla en exceso. Para no perder mucho calor al cocinar, la sartén tendrá que mantenerse en contacto constante con la fuente de calor.

curación y mantenimiento del wok

La curación del wok consiste en la creación de una capa de grasa y aceite en la superficie que hace que la comida no se pegue al cocinarla, y evita la formación de óxido cuando el wok no se utiliza. Debe realizarse con cuidado, puesto que las elevadas temperaturas y el aceite pueden producir quemaduras o incluso incendios. Si sale mucho humo del wok será necesario retirarlo del fuego, puesto que podría arder.

Los woks de acero al carbono o hierro fundido suelen estar recubiertos por una fina capa de esmalte o cera para evitar que se oxiden, y esta capa debe retirarse antes de utilizarlos. Para ello, limpiaremos bien el wok con agua caliente y jabón hasta que desaparezca del todo, o lo quemaremos en un área bien ventilada, preferentemente en el exterior, y dejaremos que se enfríe.

Para curar el wok, lo calentaremos a fuego alto con 2 o 3 cucharadas (30 o 45 ml) de aceite de canola o girasol, moviéndolo para que el aceite cubra toda la superficie con cuidado de que no se prenda fuego. Cuando se haya oscurecido la superficie interior, retiraremos el wok del fuego y dejaremos que se enfríe. Un wok recién curado no se debe utilizar para cocinar al vapor ni para cocer, puesto que se estropearía la curación. Por el mismo motivo, conviene evitar el uso de ingredientes ácidos como el vinagre, el limón y el tomate hasta que el wok esté bien curado.

No debemos frotar un wok curado con jabón, sino que le pasaremos un paño con agua caliente, lo dejaremos secar y frotaremos la superficie con papel de cocina empapado en aceite. Si hubiera restos de comida pegados a la superficie, lo sumergiremos en agua caliente de 5 a 10 minutos y después le pasaremos un paño húmedo. Cuando el wok esté limpio y se haya enfriado lo guardaremos en un lugar seco y aireado, como un armario, ya que de otro modo el aceite podría ponerse rancio.

utensilios

Con el fin de alcanzar las altas temperaturas necesarias para cocinar al wok, podemos utilizar una base circular de metal que se sitúa sobre el quemador de gas o eléctrico y que aumenta el calor y lo concentra. Esta base debe poder adaptarse bien a los quemadores sin el soporte de la sartén.

Para cocinar al wok necesitaremos una espátula especial. Se trata de una pala de mango largo cuya forma se adapta a los bordes

La superficie curada de este wok de base redondeada evitará que la comida se pegue.

del wok y permite remover los ingredientes con facilidad.

preparación de los platos en un wok

Una vez que el wok está caliente, todo sucede muy deprisa, y es muy importante tener todos los ingredientes preparados y los utensilios y los platos listos para utilizarlos. Si se va a servir el plato acompañado de hidratos como arroz o fideos, estos ya deben estar cocinándose al empezar a elaborar la receta con el wok, de modo que estén preparados al terminar.

Los condimentos como el ajo, el jengibre y la guindilla tienen que estar pelados y preparados de acuerdo con la receta.

La carne y el pescado deben cortarse en tiras del mismo tamaño para que se cocinen de manera uniforme, y tienen que secarse con papel de cocina. Conviene utilizar carnes que se cocinen rápido y queden tiernas, como los filetes de ternera, los filetes de cerdo o la pechuga de pollo.

Las verduras deben estar lavadas, peladas y picadas. Las más duras, como las zanahorias y los pimientos, tienen que cortarse en tiras para que se cocinen más rápido; el resto puede cortarse en trozos pequeños. Las verduras de hoja pueden dejarse enteras o cortarse en trocitos, puesto que tardan muy poco en cocinarse. Los tallos gruesos deben cortarse en rodajas.

Las salsas y espesantes tienen que estar medidos y, si es necesario, mezclados. Si se van a añadir fideos o arroz, estos han de estar cocinados, escurridos y listos para utilizar cuando comencemos.

Para mayor comodidad, podemos colocar los ingredientes preparados en una tabla de cocina o en platos separados en el orden en que vayamos a añadirlos al wok.

cómo cocinar en un wok

Cuando todos los ingredientes estén preparados, pondremos el wok a fuego alto y lo calentaremos hasta que una gota de agua se evapore en uno o dos segundos. Añadiremos el aceite por los bordes del wok y, a continuación, las hierbas aromáticas y los condimentos; removeremos hasta que desprendan su aroma y agregaremos con rapidez la carne o el tofu, que cocinaremos durante unos minutos, removiendo cada poco, sin dejar que llegue a cocinarse del todo.

Cuando la carne o la fuente proteica se encuentre parcialmente cocinada, será el momento de añadir las verduras más duras. Las verduras de hoja, como el *bok choy*, las

Los woks se encuentran disponibles en distintas formas y estilos, como este con dos asas.

espinacas y el repollo, deberán agregarse casi al final, ya que se cocinan más rápido. Los brotes de alubias, los fideos y el arroz también se añaden al final, sobre todo para que se calienten y se mezclen con el resto de los ingredientes.

Mientras cocinamos deberemos mover continuamente los ingredientes de los bordes al centro del wok para que se cocinen de manera uniforme.

Añadiremos las salsas y espesantes por los bordes para que no enfríen mucho el wok, y los mezclaremos bien para que impregnen el resto de ingredientes. Incorporaremos las hierbas aromáticas frescas en el momento de servir.

Si hubiera ingredientes que pudieran pasarse, los retiraremos del wok a un plato caliente utilizando la espátula, continuaremos cocinando el resto de ingredientes y volveremos a añadirlos al wok al final para que se recalienten rápidamente. También es conveniente hacer esto si no logramos mantener el wok lo bastante caliente, puesto que resulta más fácil evitar la pérdida de calor si hay menos ingredientes cocinándose.

arroz

La mayoría de los platos cocinados con wok se sirven con arroz, y este puede ser asimismo el ingrediente principal. Existen diversas maneras de prepararlo, por lo que conviene elegir un método acorde con nuestros utensilios y con el tiempo del que dispongamos. Podemos prepararlo al vapor, cocido o con el método de absorción, pero también podemos cocinarlo en el horno, en el microondas o en un hervidor de arroz. El arroz largo, como el jazmín o basmati, es el que mejor queda en los platos al wok. Será necesario consultar en el paquete los tiempos de cocción y las proporciones de agua que debemos añadir, y lo prepararemos con antelación para que esté listo al terminar de cocinar nuestro plato.

arroz aromatizado

Podemos dar sabor al arroz utilizando sal y hierbas aromáticas que complementen el plato principal. Para ello, le añadiremos entre ½ y 1 cucharada de sal, junto con un ingrediente que quede bien con el resto de la receta, como un par de rodajas de jengibre, un tallo machacado de citronela, un par de hojas de lima *kaffir*, anís estrellado, una guindilla finamente picada, una cucharadita de semillas de comino o un par de dientes de ajo. Para dar sabor al arroz ya cocinado podemos agregar entre 4 y 8 cucharadas de hierbas aromáticas frescas picadas, que además aportan un toque decorativo.

arroz con leche de coco

El arroz con leche de coco es una guarnición deliciosa. Aquí lo preparamos con el método de absorción, pero puede elaborarse en un hervidor de arroz o incluso en el microondas.

400 g de arroz largo
360 ml de leche de coco
360 ml de agua
un trozo de 2,5 cm de jengibre fresco
½ cucharadita de sal

- Ponga el arroz en un escurridor y lávelo con agua fría hasta que el agua salga limpia. Deje que escurra bien el agua.
- Pase el arroz a una cazuela de base gruesa y añada el agua y la leche de coco. Maje el jengibre en un mortero y añádalo a la cazuela con la sal. Mueva bien la cazuela para que el arroz se extienda uniformemente. Cubra el arroz con una

El arroz es el acompañamiento perfecto para un plato cocinado al wok. Podemos añadir un toque de sabor utilizando hierbas aromáticas.

tapa ajustada o con papel de aluminio y cocínelo a fuego alto.

- Llévelo al punto de ebullición y reduzca el fuego inmediatamente. Deje que se cocine el arroz sin levantar la tapa durante unos 12 minutos, o hasta que haya absorbido totalmente el agua.

- Retire la cazuela del fuego y deje reposar el arroz sin levantar la tapa durante unos 5 minutos. Levante la tapa y separe el arroz con la ayuda de un tenedor con el fin de que esté más esponjoso. Retire el jengibre antes de servir el plato.

pollo, pato y pavo

La cría de aves es una práctica centenaria en Asia, y se utilizan prácticamente todas las partes del animal. Con el wok podemos cocinar los cortes más tiernos del pollo, el pato o el pavo, pero también es posible aprovechar las sobras de un asado.

pollo con pasta de guindilla (*pad phet*)

véanse variaciones en la página 46

A pesar de que parecen muy complicadas, las pastas de curri o guindilla son muy fáciles de preparar. La manera tradicional de hacerlo es utilizando un mortero para majar los ingredientes, pero también se puede usar un robot de cocina. Sirva este plato con arroz.

4-6 guindillas rojas ojo de pájaro, picadas
4 dientes de ajo, pelados
15 g de jengibre fresco, picado
2 cucharaditas de azúcar de palma de coco
    o azúcar moreno
½ cucharadita de sal
1 manojo pequeño de albahaca tailandesa fresca,
    picada (*véase* glosario, página 280)
1 cucharada de vinagre de vino blanco

2 cucharadas de aceite de cacahuete
    o aceite vegetal
450 g de pechuga de pollo, cortada
    en trozos pequeños
½ coliflor pequeña, cortada en trozos pequeños
60 ml de agua
6 *bok choy* pequeños, cortados en cuartos
225 g de brotes de alubias
salsa de pescado, al gusto

Ponga las guindillas, el ajo, el jengibre, el azúcar, la sal y la mitad de la albahaca tailandesa en un mortero. Maje todo hasta formar una pasta desigual y, a continuación, añada el vinagre; vuelva a machacar hasta que se mezcle.

Caliente un wok hasta que una gota de agua se evapore en uno o dos segundos. Vierta el aceite y agregue el pollo y cocínelo durante 2 o 3 minutos, hasta que esté parcialmente cocido. Incorpore la coliflor y cocínela durante 1 o 2 minutos más. Añada al wok la pasta de guindilla y remueva rápidamente hasta que pueda percibir el aroma. Agregue el agua, el *bok choy* y los brotes de alubias, y cocine todo durante 1 o 2 minutos, hasta que el *bok choy* comience a ablandarse y el pollo esté bien cocido. Sazone con salsa de pescado al gusto. Decore con el resto de la albahaca tailandesa.

Para 4 personas

pato con espinacas en salsa *hoisin*

véanse variaciones en la página 47

Una receta perfecta para aprovechar las sobras de carne que tengamos cocinada. Como solo tendrá que calentarse, podremos añadirla al wok al final. La salsa china *hoisin* es dulce, salada y picante, y puede usarse para cocinar o para acompañar. Este plato queda muy bien con fideos o con arroz.

2 cucharadas de aceite de cacahuete
    o aceite vegetal
2 dientes de ajo, pelados y finamente picados
15 g de jengibre fresco, finamente picado
4 cebolletas, cortadas en trozos pequeños
½ pato asado, cortado en filetes finos

2 cucharadas de salsa de soja clara
125 ml de salsa *hoisin*
1 cucharada de vino de arroz
225 g de espinacas baby
225 g de brotes de alubias

Caliente un wok hasta que una gota de agua se evapore en uno o dos segundos. Añada el aceite, el ajo, el jengibre y las cebolletas, y deje que se doren.

Agregue el pato y remueva durante 1 minuto. A continuación, vierta la salsa de soja, la salsa *hoisin*, el vino de arroz, las espinacas y los brotes de alubias. Cocine todo hasta que se ablanden las espinacas y el pato esté caliente.

Para 4 personas

pato al curri rojo

véanse variaciones en la página 48

La pasta de curri rojo puede encontrarse en grandes superficies o tiendas especializadas y es estupenda para añadir sabor a un plato. Si es muy picante se puede agregar más leche de coco para suavizarla. Esta receta utiliza carne asada, pero también se puede usar carne cocinada a la parrilla. Sirva este plato con arroz.

2 cucharadas de aceite de cacahuete
    o aceite vegetal
2 dientes de ajo, finamente picados
25 g de jengibre fresco, finamente picado
4 cebolletas, cortadas en trozos pequeños
2 cucharadas de pasta de curri rojo
225 g de setas *shiitake* frescas, laminadas

225 g de judías verdes sin hebras, cortadas
    en trozos pequeños
½ pato asado, cortado en filetes finos
2 cucharadas de salsa de soja clara
125 ml de leche de coco entera
1 manojo pequeño de cilantro fresco,
    picado

Caliente un wok hasta que una gota de agua se evapore en uno o dos segundos. Añada el aceite, el ajo, el jengibre y las cebolletas, y deje que se doren. Agregue la pasta de curri rojo y remueva durante otro minuto. Incorpore las setas *shiitake* y las judías verdes y remueva durante 1 o 2 minutos, hasta que las setas comiencen a ablandarse.

Añada el pato, la salsa de soja y la leche de coco, y lleve al punto de ebullición, removiendo para que se mezclen los ingredientes. Cocine todo hasta que el pato esté caliente y las judías estén tiernas. Agregue el cilantro picado antes de servir.

Para 4 personas

pato con verduras asiáticas y salsa de ciruela

véanse variaciones en la página 49

La salsa de ciruela es una salsa agridulce, viscosa y ligeramente picante que se utiliza a menudo en la cocina china como condimento. Puede encontrarse en conserva en supermercados, tiendas especializadas o internet, y va muy bien con el pato. Esta receta es una manera estupenda de aprovechar las sobras de carne ya cocinada y puede servirse con arroz.

2 cucharadas de aceite de cacahuete
   o aceite vegetal
1 cucharadita de polvo de cinco especias
2 dientes de ajo, pelados y finamente picados
25 g de jengibre fresco, finamente picado
8 cebolletas, cortadas en trozos pequeños

1 manojo de brócoli chino (*véase* glosario, página 280), cortado en trozos pequeños
½ pato asado, cortado en filetes finos
⅛ de repollo chino, cortado en trozos pequeños
150 ml de salsa de ciruela

Caliente un wok hasta que una gota de agua se evapore en uno o dos segundos. Añada el aceite, el polvo de cinco especias, el ajo, el jengibre y las cebolletas, y deje que se doren.

Agregue el brócoli chino y cocínelo durante otro minuto. Incorpore el pato y remueva durante 1 o 2 minutos, hasta que el brócoli esté en su punto. Añada el repollo chino y la salsa de ciruela y remueva hasta que se ablande el repollo chino. Sirva inmediatamente.

Para 4 personas

carne picada de pollo al estilo tailandés

véanse variaciones en la página 50

La carne picada queda muy bien al wok, ya que absorbe mucho sabor, es fácil saber si está cocida y se cocina muy rápido. La albahaca morada es una variedad que presenta cierto sabor a pimienta. Si no la encuentra, puede sustituirla por albahaca normal y añadir un poco de pimienta negra molida. Sirva este plato con arroz y verduras al vapor.

2 cucharadas de aceite de cacahuete
   o aceite vegetal
4 dientes de ajo, finamente picados
2-3 guindillas rojas largas, sin semillas
   y finamente picadas
2 guindillas ojo de pájaro, sin semillas
   y finamente picadas
4 cebolletas pequeñas, cortadas en rodajas
   finas

450 g de carne picada de pollo
450 g de judías verdes, limpias y cortadas
   en rodajas finas
2 cucharadas de salsa de soja clara
1 cucharada de salsa de soja oscura
1 cucharada de salsa de ostras
1 cucharada de salsa de chile dulce
1 manojo de albahaca morada fresca
   (*véase* glosario, página 280)

Caliente un wok hasta que una gota de agua se evapore en uno o dos segundos. Añada el aceite, el ajo, las guindillas y las cebolletas, y cocínelos hasta que comiencen a dorarse. Agregue la carne picada de pollo y saltéela 3 o 4 minutos, deshaciendo los trozos pegados hasta que esté cocinada casi en su totalidad.

Incorpore las judías, las salsas de soja, la salsa de ostras y la salsa de chile dulce, y cocine todo 1 o 2 minutos, hasta que las judías estén en su punto. Añada la albahaca morada en el momento de servir.

Para 4 personas

pollo a la pimienta de Sichuán

véanse variaciones en la página 51

La pimienta de Sichuán se utiliza ampliamente en diversas cocinas regionales, entre ellas la nepalí, la hindú o la china. No está relacionada con la pimienta negra y su sabor recuerda más al limón que a la pimienta. El cosquilleo que produce en la boca es parecido al de las guindillas. Sirva este plato con arroz.

60 ml de salsa de soja clara
1 cucharada de aceite de sésamo
1 cucharada de salsa picante
2 dientes de ajo, finamente picados
25 g de jengibre fresco, finamente picado
450 g de pechuga de pollo, cortada en trozos
   pequeños

3 cucharadas de aceite de cacahuete o aceite vegetal
2 cucharaditas de pimienta de Sichuán
2 guindillas rojas largas, sin semillas
   y finamente picadas
4 cebolletas, cortadas en trozos pequeños
2 brócolis grandes, cortados en trozos pequeños
2-3 cucharadas de agua, en caso necesario

Mezcle en un recipiente la salsa de soja, el aceite de sésamo, la salsa picante, el ajo y el jengibre. Añada los trozos de pollo y remueva bien hasta que se impregnen con la preparación. Deje marinar durante 10 minutos.

Caliente un wok hasta que una gota de agua se evapore en uno o dos segundos. Aregue el aceite, la pimienta de Sichuán y las guindillas rojas, y cocine todo durante 10 segundos. A continuación, incorpore las cebolletas, el pollo y la marinada, y cocine durante algunos minutos más. Añada el brócoli y cocine otros 3 o 4 minutos, y vierta un poco de agua en caso necesario, hasta que el brócoli esté tierno y el pollo esté cocinado por completo. Sirva inmediatamente.

Para 4 personas

pavo con miel y limón

véanse variaciones en la página 52

El pavo es una carne excelente para cocinarla en un wok. Es baja en grasa y presenta un sabor suave, por lo que proporciona la base de un plato fresco y saludable. No obstante, su bajo contenido en grasa también puede hacer que quede seca; para evitarlo, no hay que cocinarla en exceso. Sirva este plato con fideos o arroz.

2 cucharadas de aceite de cacahuete o aceite vegetal
1 cebolla mediana, cortada por la mitad y en rodajas
25 g de jengibre fresco, finamente picado
2 zanahorias medianas, cortadas en rodajas
225 g de champiñones pequeños, laminados
450 g de pechuga de pavo, cortada en trozos pequeños

6 *bok choy*, cortados en trozos pequeños
2 cucharadas de miel
la ralladura y el zumo de 1 limón
3 cucharadas de salsa de soja clara
1 cucharadita de harina de maíz
60 ml de agua fría
algunas ramitas de cilantro fresco

Caliente un wok hasta que una gota de agua se evapore en uno o dos segundos. Añada el aceite, la cebolla y el jengibre, y cocínelos hasta que comiencen a dorarse. Aregue las zanahorias y los champiñones, y remueva durante 2 o 3 minutos, hasta que se ablanden los champiñones. Incorpore el pavo y cocínelo hasta que esté en su punto.

Añada el *bok choy,* la miel, la ralladura y el zumo de limón y la salsa de soja, y cocine todo hasta que el *bok choy* comience a ablandarse. Mezcle la harina de maíz con el agua, agregue la preparación al wok y comience a remover de inmediato para evitar que se formen grumos. Siga cocinando todo alrededor de 1 minuto, hasta que espese la salsa. Sirva inmediatamente, decorando con cilantro.

Para 4 personas

pato con albahaca, guindilla y anacardos

véanse variaciones en la página 53

Si cocinamos la pechuga de pato con el lado de la piel hacia abajo durante la mayor parte del tiempo, la piel soltará la grasa y quedará dorada y crujiente. Además, podremos utilizar parte de la grasa para cocinar el resto de ingredientes.

4 pechugas de pato pequeñas, con algunos
    cortes en la piel
1 cucharadita de polvo de cinco especias
½ cucharadita de sal
1 guindilla verde larga, sin semillas y finamente
    picada
1 guindilla roja larga, sin semillas y finamente
    picada
2 dientes de ajo, finamente picados
1 cebolla mediana, picada

2 zanahorias, cortadas en rodajas
1 pimiento rojo grande, cortado en trozos pequeños
1 brócoli, cortado en trozos pequeños
3 cucharadas de salsa de soja clara
2 cucharadas de salsa *hoisin*
1 lata (225 g) de castañas de agua,
    escurridas
2-3 cucharadas de agua, en caso necesario
125 g de anacardos tostados, picados
1 manojo de albahaca fresca, picada

Sazone las pechugas de pato con el polvo de cinco especias y un poco de sal y colóquelas en un wok a fuego medio con el lado de la piel hacia abajo. Cocínelas durante unos 12 minutos, hasta la piel suelte la grasa y esté crujiente. A continuación, deles la vuelta y cocínelas durante algunos minutos más. Retírelas del wok, colóquelas en un plato y déjelas reposar.

Deseche la grasa, dejando 2 cucharadas, que deberá calentar hasta que comience a salir humo. Añada las guindillas, el ajo y la cebolla y deje que se doren. Agregue las zanahorias y el pimiento y remueva durante 2 o 3 minutos.

Incorpore al wok el brócoli, remueva durante 1 o 2 minutos y, a continuación, añada la salsa de soja y la salsa *hoisin*. Corte las pechugas de pato en filetes finos y vuelva agregarlas al wok con su jugo junto con las castañas de agua. Remueva bien y vierta un poco de agua en caso de que sea necesario. Incorpore la mitad de los anacardos tostados y la albahaca. Decore con el resto de los anacardos antes de servir.

Para 4 personas

pollo con cebolla, guindilla y albahaca tailandesa

véanse variaciones en la página 54

El nombre «albahaca tailandesa» se aplica a un grupo de albahacas tropicales con un sabor más dulce que la albahaca habitual. Puede hallarse en tiendas especializadas en productos asiáticos, pero también puede sustituirse por albahaca mediterránea normal si no se encuentra. Sirva este plato con arroz.

2 cucharadas de aceite de cacahuete o aceite vegetal
25 g de jengibre fresco, finamente picado
2 dientes de ajo, finamente picados
2-3 guindillas rojas largas, sin semillas
    y finamente picadas
2 cebollas medianas, cortadas por la mitad
    y en rodajas
450 g de filetes de pechuga de pollo en tiras

2 calabacines medianos, cortados por la mitad
    a lo largo y en rodajas
60 ml de salsa de soja clara
2 cucharadas de vino de arroz
1 cucharada de salsa picante
1 cucharada de azúcar de palma de coco
    o azúcar moreno
1 manojo de albahaca tailandesa fresca

Caliente un wok hasta que una gota de agua se evapore en uno o dos segundos. Añada el aceite, el jengibre, el ajo, las guindillas y la cebolla, y cocínelos hasta que comiencen a dorarse. Agregue el pollo y cocínelo durante 3 o 4 minutos, hasta que esté casi listo.

Incorpore el calabacín y remueva durante 2 o 3 minutos, hasta que esté bastante tierno. Vierta la salsa de soja, el vino de arroz, la salsa picante y el azúcar, y cocine todo durante 2 o 3 minutos más, hasta que el pollo esté cocido y el calabacín esté tierno. Mezcle la mitad de la albahaca tailandesa y decore con el resto antes de servir.

Para 4 personas

pavo con soja y sésamo

véanse variaciones en la página 55

Antes de añadir el aceite, tueste rápidamente un par de cucharadas adicionales de semillas de sésamo en el wok caliente y resérvelas para decorar o condimentar el plato una vez terminado. Sirva este plato con arroz.

60 ml de salsa de soja clara
1 cucharada de aceite de sésamo
2 cucharadas de semillas de sésamo
1 cucharadita de azúcar de palma de coco
   o azúcar moreno
450 g de pechuga de pavo, cortada en trozos
   pequeños
1 cebolla mediana, cortada por la mitad y en rodajas

2 cucharadas de aceite de cacahuete
   o aceite vegetal
2 dientes de ajo, finamente picados
2 zanahorias medianas, cortadas en rodajas
1 pimiento rojo, cortado en rodajas
1 calabacín mediano, cortado por la mitad
   a lo largo y en rodajas
2 cucharadas de salsa de soja oscura

Ponga la salsa de soja clara, el aceite de sésamo, las semillas de sésamo, el azúcar y los trozos de pavo en un recipiente y mezcle todo bien. Deje marinar durante 10 minutos.

Caliente un wok hasta que una gota de agua se evapore en uno o dos segundos. Añada el aceite de cacahuete o aceite vegetal, la cebolla y el ajo, y cocínelos hasta que comiencen a dorarse. Agregue las zanahorias y los pimientos, y remueva durante 2 o 3 minutos, hasta que comiencen a ablandarse los pimientos.

Incorpore el pavo y la marinada, remueva y añada el calabacín y la salsa de soja oscura. Cocine todo hasta que se ablande el calabacín y el pavo esté listo. Sirva inmediatamente.

Para 4 personas

pavo con citronela y jengibre

véanse variaciones en la página 56

La citronela aporta un característico sabor a limón a numerosos platos asiáticos. Se trata de una hierba dura y fibrosa, por lo que será necesario retirar la base y las hojas exteriores de mayor dureza. La parte inferior, más clara, se pica finamente y se utiliza para cocinar. Sirva este plato con fideos o arroz.

60 ml de salsa de soja clara
2 cucharaditas de azúcar de palma de coco
    o azúcar moreno
1 tallo de citronela, sin las hojas exteriores
    ni la raíz y con la parte blanca finamente picada
40 g de jengibre fresco, finamente picado
1 diente de ajo, finamente picado
450 g de pechuga de pavo, cortada en trozos pequeños

2 cucharadas de aceite de cacahuete o aceite vegetal
4 cebolletas, cortadas en trozos pequeños
2 pimientos verdes, cortados en trozos pequeños
2 manojos de espárragos, cortados en trozos
    pequeños
1 lata (225 g) de maíz baby, escurrido
1 cucharadita de harina de maíz
60 ml de agua fría

Mezcle en un recipiente la salsa de soja, el azúcar, la citronela, el jengibre y el ajo. Añada los trozos de pavo y remueva bien hasta que se impregnen con la preparación. Deje marinar durante 10 minutos.

Caliente un wok hasta que una gota de agua se evapore en uno o dos segundos. Agregue el aceite de cacahuete o aceite vegetal, las cebolletas y los pimientos, y cocínelos hasta que comiencen a dorarse. Incorpore el pavo y la marinada y cocínelo durante 3 o 4 minutos, hasta que esté en su punto. Añada los espárragos y remueva hasta que estén tiernos pero crujientes. A continuación, incorpore el maíz enano. Mezcle la harina de maíz con el agua, agregue la preparación al wok y comience a remover de inmediato para evitar que se formen grumos. Cocine la salsa alrededor de 1 minuto, hasta que se espese. Sirva inmediatamente.

Para 4 personas

pato al tamarindo

véanse variaciones en la página 57

El tamarindo aporta un delicioso sabor agridulce al plato. Si no encuentra pasta de tamarindo, ponga en remojo un par de dátiles secos hasta que estén blandos y bátalos con 2 cucharadas de zumo de lima para obtener un sustitutivo con un sabor y una textura similares. Sirva este plato con arroz.

2 cucharadas de aceite de cacahuete
   o aceite vegetal
2 dientes de ajo, finamente picados
25 g de jengibre fresco, finamente picado
1 cebolla roja grande, cortada por la mitad
   y en rodajas
1 pimiento verde grande, cortado
   en rodajas
1 brócoli grande, cortado en trozos pequeños

½ pato asado grande, cortado en filetes finos
2 cucharadas de pasta de tamarindo
2 cucharadas de salsa de soja clara
1 cucharada de azúcar de palma de coco
   o azúcar moreno
1 cucharada de salsa de pescado
2-3 cucharadas de agua, en caso necesario
225 g de hojas de *tatsoi* (*véase* glosario,
   página 280)

Caliente un wok hasta que una gota de agua se evapore en uno o dos segundos. Añada el aceite de cacahuete o aceite vegetal, el ajo, el jengibre y la cebolla roja, y deje que se doren. Agregue el pimiento y el brócoli y remueva durante 1 o 2 minutos, hasta que el brócoli esté en su punto.

Incorpore el pato, la pasta de tamarindo, la salsa de soja, el azúcar y la salsa de pescado, y remueva hasta que el pato esté caliente, añadiendo agua en caso de que sea necesario. Agregue el *tatsoi* y remueva hasta que se ablande.

Para 4 personas

pollo con cacahuetes al estilo malayo

véanse variaciones en la página 58

La salsa de cacahuetes, con la que se sirven a menudo los *satay* (brochetas de carne), goza de gran popularidad en la cocina asiática. La salsa se conserva bien en la nevera, en un recipiente cerrado, durante aproximadamente una semana. Utilice una mantequilla de cacahuete que sea crujiente para añadir textura. Sirva este plato con fideos o arroz.

1 cebolla roja mediana, picada

4 guindillas rojas secas, sin semillas y que hayan estado en remojo en agua caliente durante 5 minutos

2 dientes de ajo

25 g de galangal, picado (*véase* glosario, página 280)

1 tallo de citronela, sin las hojas exteriores ni la raíz y con la parte blanca picada en trozos grandes

5 cucharadas de aceite de cacahuete o aceite vegetal, separadas

1 cucharada de pasta de tamarindo

2 cucharadas de azúcar de palma de coco o azúcar moreno

65 g de mantequilla de cacahuete

250 ml de agua

sal, al gusto

450 g de muslos de pollo sin piel, cortados en trozos pequeños

6 cebolletas, cortadas en trozos pequeños

1 pimiento rojo grande, cortado en rodajas

225 g de tirabeques, limpios

1 lata (225 g) de piña troceada, escurrida

225 g de brotes de alubias

Mezcle la cebolla roja, las guindillas en remojo, el ajo, el galangal y la citronela en un robot de cocina hasta que se forme una pasta suave; a continuación, añada 3 cucharadas de aceite de cacahuete o aceite vegetal y vuelva a mezclar. Ponga una cazuela a fuego medio, añada la pasta y cocínela durante 4 o 5 minutos, removiendo a menudo, hasta que desprenda su aroma y presente un color más oscuro. Agregue la pasta de tamarindo, el azúcar, la mantequilla de cacahuete y el agua; mezcle bien y hierva a fuego lento durante 5 minutos, hasta que la salsa espese. Retire del fuego, sazone a su gusto con sal y reserve.

Caliente un wok hasta que una gota de agua se evapore en uno o dos segundos. Añada 2 cucharadas de aceite de cacahuete o aceite vegetal y el pollo, y cocínelo durante 2 o 3 minutos, hasta que esté parcialmente cocido. Agregue las cebolletas y el pimiento, y cocínelos durante otros 3 o 4 minutos, hasta que el pimiento esté tierno.

Incorpore al wok la salsa de cacahuetes, los tirabeques, los trozos de piña y los brotes de alubias y cocine todo durante 1 o 2 minutos, hasta que los tirabeques estén tiernos pero crujientes y el pollo esté cocido.

Para 4 personas

pato al estilo chino

véanse variaciones en la página 59

Pueden encontrarse setas *shiitake* frescas en tiendas o en internet. Si no dispone de setas frescas las puede sustituir por secas, poniendo 40 g en remojo en agua caliente durante 30 minutos. Sirva este plato con arroz.

2 cucharadas de aceite de cacahuete
   o aceite vegetal
2 dientes de ajo, finamente picados
25 g de jengibre fresco, finamente picado
1 cebolla grande, cortada por la mitad y en rodajas
225 g de setas *shiitake* frescas, laminadas
225 g de champiñones pequeños, laminados

½ pato asado grande, cortado en filetes finos
2 cucharadas de salsa de ostras
2 cucharadas de salsa de soja clara
2 cucharadas de salsa *hoisin*
2-3 cucharadas de agua
225 g de tirabeques, limpios
1 lata (225 g) de castañas de agua, escurridas

Caliente un wok hasta que una gota de agua se evapore en uno o dos segundos. Añada el aceite, el ajo, el jengibre y la cebolla, y deje que se doren. Agregue los *shiitake* y los champiñones y cocínelos durante 1 o 2 minutos, hasta que comiencen a ablandarse y a tomar color.

Incorpore el pato, la salsa de ostras, la salsa de soja, la salsa *hoisin* y el agua, y remueva hasta que se caliente el pato. Añada los tirabeques y las castañas de agua, y cocine todo hasta que los tirabeques estén en su punto.

Para 4 personas

pato a la naranja con guindilla

véanse variaciones en la página 60

El pato con naranja es una combinación deliciosa. Si desea añadir más sabor a cítrico, pruebe a sustituir el azúcar de esta receta por una cucharada de mermelada de naranja, o a la naranja por una mandarina. Sirva este plato con fideos o arroz.

la ralladura y el zumo de 1 naranja
2 cucharadas de salsa de soja clara
1 cucharada de salsa *kecap manis*
   (*véase* glosario, página 280)
1 cucharada de azúcar de palma de coco
   o azúcar moreno
15 g de jengibre fresco, finamente picado
2 dientes de ajo, finamente picados
450 g de filetes de pechuga de pato en tiras

2 cucharadas de aceite de cacahuete
   o aceite vegetal
8 cebolletas, picadas
3 guindillas rojas largas, sin semillas
   y finamente picadas
1 manojo de brócoli chino, cortado
   en trozos de 7,5 cm
1 manojo de espárragos, limpios
225 g de judías verdes, limpias

Mezcle en un recipiente la ralladura y el zumo de naranja, la salsa de soja clara, la salsa *kecap manis*, el azúcar, el jengibre, el ajo y el pato. Deje marinar durante 10 minutos.

Caliente un wok hasta que una gota de agua se evapore en uno o dos segundos. Añada el aceite de cacahuete o aceite vegetal y el pato, reservando la marinada, y cocínelo hasta que comience a dorarse. Agregue las cebolletas y las guindillas, y remueva durante 3 o 4 minutos, hasta que el pato esté casi cocido.

Incorpore el brócoli chino y cocínelo durante 1 minuto. Añada la marinada que ha reservado, los espárragos y las judías verdes, y remueva durante 1 o 2 minutos más, hasta que el pato esté cocinado y las verduras estén tiernas pero crujientes.

Para 4 personas

pavo con verduras en salsa *teriyaki*

véanse variaciones en la página 61

Teriyaki es una técnica de cocción japonesa en la que la carne se asa a la parrilla con salsa de soja, mirin y azúcar. En Occidente, *teriyaki* se refiere muchas veces al sabor en lugar de a la técnica de cocción, y pueden comprarse salsas *teriyaki* para cocinar. Sirva este plato con fideos o arroz.

2 cucharadas de aceite de cacahuete
   o aceite vegetal
1 cebolla mediana, cortada por la mitad y en rodajas
2 tallos de apio, cortados en rodajas
1 diente de ajo, finamente picado
25 g de jengibre fresco, finamente picado

2 zanahorias medianas, cortadas en rodajas
1 pimiento rojo grande, cortado en rodajas
450 g de filetes de pechuga de pavo en tiras
6 *bok choy* baby, cortados en trozos pequeños
150 ml de salsa *teriyaki*
algunas ramitas de cilantro fresco

Caliente un wok hasta que una gota de agua se evapore en uno o dos segundos. Añada el aceite, la cebolla, el apio, el ajo y el jengibre, y cocínelos hasta que comiencen a dorarse. Agregue las zanahorias y el pimiento, y remueva durante 2 o 3 minutos, hasta que se ablanden. Incorpore el pavo y cocínelo hasta que esté en su punto.

Añada el *bok choy* y la salsa *teriyaki* y remueva hasta que el *bok choy* comience a ablandarse y todo se impregne con la salsa. Decore con cilantro y sirva inmediatamente con arroz.

Para 4 personas

pavo con brócoli y leche de coco

véanse variaciones en la página 62

La salsa de pescado, que se utiliza como condimento en muchos platos asiáticos, es muy salada y se elabora con pescado fermentado. Aporta un sabor suave a pescado y puede encontrarse en tiendas especializadas en productos asiáticos y grandes superficies. Si no la encuentra, puede sustituirla por sal al gusto. Sirva este plato con una cantidad de arroz suficiente para absorber la salsa.

125 ml de leche de coco
2 cucharadas de salsa de pescado
2 hojas de lima *kaffir*, picadas
    (*véase* glosario, página 280)
1 cucharada de salsa picante
2 cucharaditas de azúcar de palma de coco
    o azúcar moreno
50 g de coco deshidratado
2 cucharadas de aceite de cacahuete o aceite vegetal

½ manojo pequeño de cilantro fresco,
    con las hojas separadas y los tallos
    finamente cortados
2 dientes de ajo, finamente picados
25 g de jengibre fresco, finamente picado
6 cebolletas, cortadas en trozos pequeños
2 brócolis medianos, cortados en trozos pequeños
450 g de filetes de pechuga de pavo en tiras
225 g de tirabeques, limpios

Mezcle la leche de coco, la salsa de pescado, las hojas de lima *kaffir*, la salsa picante y el azúcar en un recipiente y reserve.

Caliente un wok hasta que una gota de agua se evapore en uno o dos segundos. Añada el coco deshidratado y tuéstelo. Páselo a otro recipiente y resérvelo. Vuelva a poner el wok en el fuego.

Agregue el aceite, los tallos de cilantro finamente picados, el ajo, el jengibre y las cebolletas, y deje que se doren. Incorpore el brócoli y remueva durante 2 o 3 minutos, hasta que comience a dorarse. Añada el pavo y remueva hasta que esté casi cocido. Agregue la mezcla de los tirabeques y la leche

de coco y lleve al punto de ebullición, hirviendo a fuego lento hasta que se cocine el pavo y las verduras estén tiernas pero crujientes. Decore con el coco tostado y las hojas de cilantro fresco. Sirva inmediatamente.

Para 4 personas

pavo con guindilla roja y lima *kaffir*

véanse variaciones en la página 63

Las hojas de la lima *kaffir* presentan una característica forma de reloj de arena y un fuerte sabor a lima. Pueden adquirirse frescas, congeladas, secas o en conserva. Las hojas frescas y las congeladas tienen mejor sabor, y cuando están en conserva su sabor es más fuerte. Sirva este plato con arroz.

60 ml de salsa de soja clara
1 cucharada de zumo de lima
2 cucharaditas de azúcar de palma de coco
   o azúcar moreno
4 hojas de lima *kaffir*, finamente picadas
2 guindillas ojo de pájaro, sin semillas y finamente
   picadas
1 diente de ajo, finamente picado

450 g de filetes de pechuga de pavo en tiras
2 cucharadas de aceite de cacahuete o aceite vegetal
4 cebolletas, cortadas en trozos pequeños
2 guindillas rojas largas, sin semillas y finamente
   picadas
225 g de repollo chino, cortado en juliana
225 g de espinacas baby
2–3 cucharadas de agua, en caso necesario

Mezcle en un recipiente la salsa de soja, el zumo de lima, el azúcar, las guindillas ojo de pájaro y el ajo. Añada los trozos de pavo y remueva bien hasta que se impregnen bien con la preparación. Deje marinar durante 10 minutos.

Caliente un wok hasta que una gota de agua se evapore en uno o dos segundos. Añada el aceite de cacahuete o aceite vegetal, las cebolletas y las guindillas rojas, y cocínelas hasta que comiencen a dorarse. Agregue el pavo y la marinada, y cocínelo durante 3 o 4 minutos, hasta que esté en su punto.

Incorpore el repollo chino, las espinacas y un poco de agua, en caso de que sea necesario, y remueva hasta que se ablanden. Sirva inmediatamente.

Para 4 personas

pollo con tirabeques en salsa de ostras

véanse variaciones en la página 64

La salsa de ostras es una salsa densa de color marrón elaborada con una reducción de ostras estofadas con azúcar y sal. Presenta un característico sabor salado y puede encontrarse en tiendas especializadas en productos asiáticos y grandes superficies. Sirva este plato con arroz.

2 cucharadas de aceite de cacahuete
   o aceite vegetal
25 g de jengibre fresco, finamente picado
2 dientes de ajo, finamente picados
8 cebolletas, picadas

450 g de filetes de pechuga de pollo en tiras
450 g de tirabeques, limpios
1 lata (225 g) de castañas de agua,
   escurridas
125 ml de salsa de ostras

Caliente un wok hasta que una gota de agua se evapore en uno o dos segundos. Añada el aceite, el jengibre, el ajo y las cebolletas, y cocínelos hasta que comiencen a dorarse. Agregue el pollo y cocínelo durante 2 o 3 minutos, hasta que esté casi cocido.

Incorpore los tirabeques, remueva durante 1 o 2 minutos, añada las castañas de agua y la salsa de ostras y cocine todo durante otro minuto más, hasta que el pollo esté cocido y los tirabeques estén tiernos.

Para 4 personas

pollo con setas *shiitake* y galangal

véanse variaciones en la página 65

El galangal está emparentado con el jengibre, y tanto su aspecto como su sabor son parecidos. Puede encontrarse fresco en tiendas especializadas en productos asiáticos o en internet y, en ocasiones, triturado en conserva. Si no lo encuentra puede sustituirlo por la misma cantidad de jengibre fresco. Sirva este plato con arroz.

2 cucharadas de aceite de cacahuete
   o aceite vegetal
40 g de galangal fresco, finamente picado
2 dientes de ajo, finamente picados
1 cebolla mediana, cortada por la mitad y en rodajas
450 g de setas *shiitake* frescas, laminadas
450 g de filetes de pechuga de pollo en tiras

6 *bok choy* baby, picados
2 cucharadas de salsa de soja clara
2 cucharadas de salsa de soja oscura
1 cucharadita de salsa picante
2 cucharaditas de azúcar de palma de coco
   o azúcar moreno
1 manojo de albahaca morada fresca

Caliente un wok hasta que una gota de agua se evapore en uno o dos segundos. Añada el aceite de cacahuete o aceite vegetal, el galangal, la cebolla y el ajo, y cocínelos hasta que comiencen a dorarse. Agregue las setas *shiitake* y remueva durante 2 o 3 minutos, hasta que comiencen a dorarse y ablandarse.

Incorpore el pollo y remueva durante 2 o 3 minutos, hasta que esté casi cocinado. Añada el *bok choy*, las salsas de soja, la salsa picante y el azúcar, y cocine todo durante 2 o 3 minutos más, hasta que el pollo esté cocido y el *bok choy* esté tierno. Mezcle la mitad de la albahaca morada y decore con el resto antes de servir.

Para 4 personas

pollo con pasta de guindilla (*pad phet*)

véase receta base en la página 15

pollo con pasta de curri verde

Prepare la receta base, pero sustituya las guindillas rojas por 3 guindillas verdes picadas, y la pasta de guindilla por 1 cucharada de pasta de curri verde.

pavo con pasta de guindilla

Sustituya el pollo por 450 g de pechuga de pavo cortada en trozos pequeños. Elabore la receta siguiendo las instrucciones.

pollo con fideos y pasta de guindilla

Prepare 300 g de fideos al huevo siguiendo las instrucciones del paquete y añádalos al wok con el *bok choy* y los brotes de alubias. Elabore la receta siguiendo las instrucciones. No es necesario servir esta variación con arroz.

pollo con berenjenas y pasta de guindilla

Prepare la receta base, pero sustituya la coliflor por una berenjena grande cortada por la mitad a lo largo y en rodajas finas.

variaciones

pato con espinacas en salsa *hoisin*

véase receta base en la página 16

pollo con espinacas en salsa *hoisin*
Sustituya el pato por ½ pollo asado grande cortado en filetes finos. Elabore la receta
siguiendo las instrucciones.

pato con espinacas y guindilla en salsa *hoisin*
Prepare la receta base y añada al wok 2 guindillas rojas largas, sin semillas y finamente picadas
con el ajo, el jengibre y las cebolletas.

pato con *bok choy* en salsa *hoisin*
Prepare la receta base, pero sustituya las espinacas por 6 *bok choy* pequeños picados. Elabore
la receta siguiendo las instrucciones.

pato con espinacas y jengibre en salsa *hoisin*
Aumente la cantidad de jengibre fresco a 40 g y añada al wok 1 cucharadita de azúcar
con las salsas.

variaciones

pato al curri rojo

véase receta base en la página 19

pato al curri verde
Prepare la receta base, pero sustituya la pasta de curri rojo por 2 cucharadas de pasta de curri verde.

pato al curri amarillo
Prepare la receta base, pero sustituya la pasta de curri rojo por 2 cucharadas de pasta de curri amarillo.

pavo al curri rojo
Sustituya el pato por 450 g de pavo cocinado y cortado en filetes. Elabore la receta siguiendo las instrucciones.

pato con fideos al curri rojo
Prepare 300 g de fideos frescos al huevo siguiendo las instrucciones del paquete y añádalos al wok con el pato, la salsa de soja y la leche de coco. Elabore la receta siguiendo las instrucciones. No es necesario servir esta variación con arroz.

pato con verduras asiáticas y salsa de ciruela

véase receta base en la página 20

pato con pimientos y salsa de ciruela

Prepare la receta base, pero sustituya el brócoli chino por 1 pimiento rojo y 1 amarillo,
cortados en trozos pequeños.

pato con brócoli, guindilla y salsa de ciruela

Añada al wok 2 guindillas rojas finamente picadas y sin semillas con el ajo, el jengibre
y las cebolletas, y sustituya el brócoli chino por 1 brócoli grande cortado en trozos pequeños.
Elabore la receta siguiendo las instrucciones.

pollo con verduras asiáticas y salsa de ciruela

Prepare la receta base, pero sustituya el pato por ½ pollo asado cortado en filetes finos.

pato con verduras asiáticas, sésamo y salsa de ciruela

Añada al wok 2 cucharadas de semillas de sésamo con el jengibre, el ajo y las cebolletas
y 1 cucharada de aceite de sésamo con las salsas de soja y ciruela. Elabore la receta siguiendo
las instrucciones.

variaciones

carne picada de pollo al estilo tailandés

véase receta base en la página 21

carne picada de pollo al estilo mongol
Prepare la receta base, pero sustituya las guindillas ojo de pájaro por 25 g de jengibre
fresco finamente picado, las judías verdes por 450 g de repollo chino cortado en juliana
y la salsa de chile dulce por 2 cucharadas de salsa *hoisin*.

carne picada de pollo con fideos al estilo tailandés
Prepare 225 g de fideos secos de arroz siguiendo las instrucciones del paquete y añádalos
al wok con las judías verdes, dejando que se calienten antes de servir. No es necesario servir
esta variación con arroz.

carne picada de pavo al estilo tailandés
Sustituya la carne picada de pollo por 450 g de carne picada de pavo. Elabore la receta siguiendo
las instrucciones.

carne picada de pollo picante al estilo tailandés
Aumente la cantidad de guindillas ojo de pájaro a 3 o 4, al gusto, y sustituya la salsa dulce de chile
por 1 o 2 cucharadas de salsa picante.

variaciones

pollo a la pimienta de Sichuán

véase receta base en la página 22

pato a la pimienta de Sichuán
Prepare la receta base, pero sustituya la pechuga de pollo por 450 g de carne de pato sin piel cortada en trozos pequeños.

pavo a la pimienta de Sichuán
Prepare la receta base, pero sustituya la pechuga de pollo por 450 g de pechuga de pavo cortada en trozos pequeños.

pollo a la pimienta negra
Prepare la receta base, pero sustituya la pimienta de Sichuán por 2 cucharaditas de pimienta negra machacada.

pollo picante
Prepare la receta base, pero sustituya la pimienta de Sichuán por 2 cucharaditas de guindillas secas machacadas.

variaciones

pavo con miel y limón

véase receta base en la página 25

pavo picante con miel y limón
Añada al wok 2 cucharaditas de pasta de guindilla (o más, al gusto) con la cebolla y el jengibre. Elabore la receta siguiendo las instrucciones.

pollo con miel y limón
Prepare la receta base, pero sustituya el pavo por 450 g de pechuga de pollo cortada en trozos pequeños.

pavo con limón en salsa de chile dulce
Prepare la receta base, pero sustituya la miel por 60 ml de salsa de chile dulce.

pavo con miel, jengibre y lima
Aumente la cantidad de jengibre fresco a 40 g y sustituya la ralladura y el zumo de limón por la ralladura y el zumo de 1 lima fresca. Elabore la receta siguiendo las instrucciones.

variaciones

pato con albahaca, guindilla y anacardos

véase receta base en la página 26

pato con cilantro, guindilla y cacahuetes
Prepare la receta base, pero sustituya los anacardos por 100 g de cacahuetes tostados
y la albahaca por 1 manojo de cilantro fresco picado.

pollo con albahaca, guindilla y anacardos
Prepare la receta base, pero sustituya las pechugas de pato por 4 pechugas pequeñas de pollo.
Añada al wok 2 cucharadas de aceite de cacahuete o aceite vegetal antes de cocinar las pechugas
de pollo, ya que estas tienen menos grasa que las de pavo.

pato con albahaca, guindilla y lima
Añada al wok la ralladura y el zumo de 1 lima fresca y 1 cucharada de azúcar con la salsa de soja
y la salsa *hoisin*. Elabore la receta siguiendo las instrucciones.

pavo con albahaca, lima y chalotas fritas
Omita las pechugas de pato y los anacardos. Cocine 450 g de filetes finos de pechuga de pavo
con 2 cucharadas de aceite de cacahuete o aceite vegetal hasta que estén en su punto y deje
que reposen en un plato. Elabore la receta siguiendo las instrucciones. Añada al wok la ralladura
y el zumo de 1 lima fresca y 1 cucharada de azúcar con la salsa de soja y la salsa *hoisin*, y sustituya
los anacardos por 10 g de chalotas fritas.

variaciones

pollo con cebolla, guindilla y albahaca tailandesa

véase receta base en la página 28

pollo con fideos, cebolla, guindilla y albahaca tailandesa
Prepare 225 g de fideos secos de arroz siguiendo las instrucciones del paquete y añádalos
al wok con la salsa de soja, dejando que se calienten antes de servir. No es necesario servir
esta variación con arroz.

pollo con jengibre, cebolla y albahaca tailandesa
Omita las guindillas frescas, la salsa picante y el azúcar. Aumente la cantidad de jengibre
a 40 g y añada al wok 2 cucharadas de salsa *kecap manis* con la salsa de soja.

pollo con ajo, guindilla y albahaca tailandesa
Prepare la receta base, pero reduzca la cantidad de cebolla a la mitad y aumente la cantidad
de ajo a 4 dientes pelados y finamente picados.

pollo con cilantro, cebolla, guindilla y lima
Añada al wok 2 hojas de lima *kaffir* finamente picadas con el pollo y sustituya la albahaca
tailandesa por 1 manojo de cilantro fresco picado. Sirva con cuñas de lima.

variaciones

pavo con soja y sésamo

véase receta base en la página 29

pavo con soja y ajo
Prepare la receta base, pero omita el aceite y las semillas de sésamo y aumente la cantidad
de ajo a 4 dientes finamente picados

pavo con soja dulce y jengibre
Prepare la receta base, pero omita el aceite y las semillas de sésamo y la salsa de soja oscura.
Reduzca la cantidad de salsa de soja clara a 2 cucharadas y añada al wok 40 g de jengibre fresco
finamente picado con la cebolla y el ajo. Sustituya la salsa de soja oscura por 60 ml de salsa
kecap manis.

pollo con soja y sésamo
Prepare la receta base, pero sustituya el pavo por 450 g de filetes de pechuga de pollo en tiras.

pollo con soja, guindilla y sésamo
Prepare la receta base, pero sustituya el pavo por 450 g de filetes de pechuga de pollo en tiras
y añada al wok 2 guindillas rojas sin semillas y finamente picadas con el ajo y la cebolla.

pavo con fideos, soja y sésamo
Prepare 300 g de fideos al huevo siguiendo las instrucciones del paquete y añádalos al wok
con el calabacín. Elabore la receta siguiendo las instrucciones. No es necesario servir esta
variación con arroz.

pavo con citronela y jengibre

véase receta base en la página 30

pavo con citronela y galangal
Prepare la receta base, pero sustituya el jengibre por 40 g de galangal finamente picado.

pavo con citronela, jengibre y guindilla
Prepare la receta base, pero añada al wok 2 guindillas rojas sin semillas y finamente picadas con las cebolletas y los pimientos verdes.

pato con citronela y jengibre
Prepare la receta base, pero sustituya el pavo por 450 g de pechuga de pato sin piel cortada en trozos pequeños.

pavo con citronela, jengibre y cilantro
Prepare la receta base, pero añada 1 manojo de cilantro fresco picado al plato antes de servirlo.

variaciones

pato al tamarindo

véase receta base en la página 33

pato con leche de coco al tamarindo
Prepare la receta base y añada al wok 125 ml de leche de coco con la pasta de tamarindo,
la salsa de soja y la salsa de pescado.

pato con *bok choy* al tamarindo
Prepare la receta base, pero sustituya el *tatsoi* por 4 *bok choy* pequeños picados.

pato con jengibre al tamarindo
Prepare la receta base, pero aumente la cantidad de jengibre a 40 g, píquelo finamente
y añada al wok 2 cucharaditas de azúcar con la pasta de tamarindo.

pollo al tamarindo
Prepare la receta base, pero sustituya el pato por la carne de ½ pollo asado grande cortada
en filetes.

pollo con cacahuetes al estilo malayo

véase receta base en la página 34

pollo con cacahuetes al estilo indonesio

Prepare la receta base, pero añada al wok 2 hojas de lima *kaffir*, un poco de nuez moscada, canela, cardamomo y clavo y 2 cucharadas de salsa de soja oscura con la mantequilla de cacahuete. Sustituya el agua por leche de coco.

pollo con cacahuetes al estilo tailandés

Prepare la receta base, pero añada al wok la ralladura y el zumo de 1 lima y 2 cucharadas de salsa de soja clara con la mantequilla de cacahuete. Sustituya el agua por leche de coco.

pollo picante con cacahuetes

Prepare la receta base, pero añada al wok 2 o 3 cucharadas de pasta de guindilla con la mantequilla de cacahuete.

pavo con cacahuetes al estilo malayo

Prepare la receta base, pero sustituya el pollo por 450 g de filetes de pavo cortados en trozos pequeños.

pato al estilo chino

véase receta base en la página 36

pollo al estilo chino
Prepare la receta base, pero sustituya el pato por la carne de ½ pollo asado grande cortada en filetes.

pavo al estilo chino
Prepare la receta base, pero sustituya el pato por 450 g de pavo asado cortado en filetes finos.

pato con fideos al estilo chino
Prepare 300 g de fideos frescos al huevo finos siguiendo las instrucciones del paquete y añádalos al wok con el pato. Elabore la receta siguiendo las instrucciones. No es necesario servir esta variación con arroz.

pato picante al estilo chino
Prepare la receta base, pero añada al wok 2 guindillas rojas sin semillas y finamente picadas con el ajo, el jengibre y la cebolla y 1 o 2 cucharadas de salsa picante, al gusto, con el pato.

variaciones

pato a la naranja con guindilla

véase receta base en la página 37

pato con lima y guindilla
Prepare la receta base, pero sustituya la ralladura y el zumo de naranja de la marinada
por la ralladura y el zumo de 1 lima fresca y 2 hojas de lima *kaffir* finamente picadas.

pollo a la naranja con guindilla
Prepare la receta base, pero sustituya el pato por 450 g de filetes de pechuga de pollo en tiras.

pato a la naranja con jengibre
Prepare la receta base, pero omita las guindillas y aumente la cantidad de jengibre fresco
a 40 g, pelado y finamente picado.

pato a la naranja con guindilla y albahaca tailandesa
Prepare la receta base, pero añada 1 manojo de albahaca tailandesa fresca picada antes
de servir.

pavo con verduras en salsa *teriyaki*

véase receta base en la página 39

pavo con verduras en salsa de chile dulce

Prepare la receta base, pero omita la salsa *teriyaki*. Añada al wok 125 ml de salsa de chile dulce, 1 cucharada de salsa de soja clara y 2 cucharaditas de vino de arroz con el *bok choy*. Elabore la receta siguiendo las instrucciones.

pavo con verduras en salsa picante

Prepare la receta base, pero omita la salsa *teriyaki* y sustitúyala por 125 ml de salsa de chile dulce y 2 o 3 cucharadas de salsa picante, al gusto.

pavo con verduras en salsa de ostras

Prepare la receta base, pero sustituya la salsa *teriyaki* por 150 ml de salsa de ostras y cocine todo hasta que las verduras estén en su punto antes de servir.

pollo con verduras en salsa *teriyaki*

Prepare la receta base, pero sustituya el pavo por 450 g de filetes de pechuga de pollo en tiras.

variaciones

pavo con brócoli y leche de coco

véase receta base en la página 40

pavo con *bok choy* y leche de coco
Prepare la receta base, pero omita el brócoli. Añada al wok el pavo después del ajo, el jengibre y las cebolletas, y agregue 8 *bok choy* baby picados con los tirabeques.

pollo con brócoli y leche de coco
Prepare la receta base, pero sustituya el pavo por 450 g de filetes de pechuga de pollo en tiras.

pavo con brócoli, leche de coco y guindilla
Prepare la receta base, pero añada 2 o 3 guindillas rojas sin semillas y finamente picadas al wok con el brócoli.

pavo con setas y leche de coco
Prepare la receta base, pero sustituya el brócoli por 450 g de champiñones pequeños cortados en rodajas.

pavo con pimientos y leche de coco
Prepare la receta base, pero sustituya el brócoli por 1 pimiento rojo, 1 verde y 1 amarillo cortados en rodajas.

variaciones

pavo con guindilla roja y lima *kaffir*

véase receta base en la página 42

pollo con guindilla roja y lima *kaffir*
Prepare la receta base, pero sustituya el pavo por 450 g de filetes de pechuga de pollo en tiras.

pavo con jengibre y lima *kaffir*
Prepare la receta base, pero omita las guindillas ojo de pájaro y las guindillas rojas y añada a la marinada 40 g de jengibre fresco finamente picado con el ajo.

pavo con guindilla roja, lima *kaffir*, chalotas fritas y lima
Decore el plato con 10 g de chalotas fritas y 2 limas cortadas en cuñas.

pavo con guindilla verde y lima *kaffir*
Prepare la receta base, pero omita las guindillas ojo de pájaro y las guindillas rojas. Añada a la marinada 1 guindilla verde finamente picada con el ajo y agregue al wok 2 guindillas verdes sin semillas y picadas con las cebolletas.

variaciones

pollo con tirabeques en salsa de ostras

véase receta base en la página 43

pollo con tirabeques en salsa *hoisin*
Prepare la receta base, pero sustituya la salsa de ostras por 125 ml de salsa *hoisin*.

pato con tirabeques en salsa de ostras
Prepare la receta base, pero sustituya el pollo por 450 g de filetes de pechuga de pato en tiras.

pollo con pimientos en salsa de ostras
Prepare la receta base, pero sustituya los tirabeques por 3 pimientos rojos cortados en rodajas finas.

pollo con tirabeques y fideos en salsa de ostras
Prepare 300 g de fideos *udon* frescos siguiendo las instrucciones del paquete y añádalos al wok con los tirabeques. Elabore la receta siguiendo las instrucciones. No es necesario servir esta variación con arroz.

variaciones

pollo con setas *shiitake* y galangal

véase receta base en la página 44

pavo con setas *shiitake* y galangal
Prepare la receta base, pero sustituya el pollo por 450 g de filetes de pechuga de pavo en tiras.

pollo con calabacín y galangal
Prepare la receta base, pero omita las setas *shiitake*. Añada al wok el pollo después del galangal, el ajo y la cebolla, y cocínelo hasta que esté casi cocido. Agregue al wok 2 calabacines medianos cortados por la mitad a lo largo y en rodajas con el *bok choy*.

pollo con setas *shiitake*, galangal y guindilla
Prepare la receta base, pero añada al wok 2 guindillas rojas sin semillas y finamente picadas con las setas *shiitake*.

pollo con tirabeques y galangal
Prepare la receta base, pero omita las setas *shiitake*. Añada al wok el pollo después del galangal, el ajo y la cebolla, y cocínelo hasta que esté casi cocido. A continuación, agregue 450 g de tirabeques limpios con el *bok choy*.

cerdo, ternera y cordero

Aunque estas carnes eran un lujo, actualmente gozan de gran popularidad en la cocina asiática, y los platos para wok no son una excepción. De hecho, el wok es estupendo para exhibir los mejores cortes, puesto que pueden utilizarse numerosas técnicas de preparación y los sabores son deliciosos. Si quiere filetes muy finos pruebe a congelar la carne durante 30 minutos antes de cortarla: esto le confiere más firmeza y hace que el corte resulte más fácil.

ternera con jengibre y setas *shiitake*

véanse variaciones en la página 101

Puede encontrar setas *shiitake* secas en tiendas especializadas en productos asiáticos
o en grandes superficies. Se ablandan fácilmente en agua caliente y esta puede utilizarse
para añadir sabor a la receta. Sirva este plato con arroz.

75 g de setas *shiitake* secas, laminadas
2 cucharadas de salsa de soja clara
60 ml de salsa de ostras
1 cucharada de salsa de pescado
1 cucharadita de azúcar de palma de coco o azúcar moreno
2 cucharadas de aceite de cacahuete o aceite vegetal
450 g de filetes finos de solomillo de ternera

40 g de jengibre fresco, picado en palitos
2 dientes de ajo, finamente picados
1 cebolla mediana, cortada por la mitad
y en rodajas
1 pimiento rojo grande, cortado en trozos
pequeños
4 cebolletas, picadas

Ponga las setas en un recipiente y cúbralas con agua caliente. Deje que reposen 10 minutos,
escúrralas y reserve 60 ml del líquido. Mezcle en un cuenco la salsa de soja clara, la salsa de ostras,
la salsa de pescado y el azúcar, y remueva hasta que se disuelva el azúcar. Reserve.

Caliente un wok hasta que una gota de agua se evapore en uno o dos segundos. Añada el aceite
y la carne de ternera y cocínela durante 1 minuto, hasta que se dore. Incorpore el jengibre, el ajo y
la cebolla y deje que se doren. Agregue las setas y el pimiento, y remueva hasta que el pimiento comience
a ablandarse y a tomar color. Vierta la salsa que ha preparado y el líquido de las setas que ha reservado.
Cocine todo durante 1 o 2 minutos, hasta que la carne de ternera esté cocida y la salsa se haya reducido
un poco, y, a continuación, añada la mitad de las cebolletas. Decore con el resto de las cebolletas
y sirva inmediatamente.

Para 4 personas

carne de cerdo picada con citronela

véanse variaciones en la página 102

La citronela puede adquirirse en forma de tallos frescos o convenientemente picada
en conserva. Una vez abierto, el tarro debe conservarse en la nevera y utilizarse antes
de la fecha de caducidad. Los tallos de citronela fresca pueden conservarse en el frigorífico
con las raíces sumergidas en agua. Sirva este plato con fideos o arroz.

2 cucharadas de aceite de cacahuete o aceite
vegetal
450 g de carne de cerdo picada
1 tallo de citronela, sin las hojas exteriores
ni la raíz y con la parte blanca finamente
picada
25 g de jengibre fresco, finamente picado
1 diente de ajo, finamente picado

4 cebolletas, cortadas en trozos pequeños
2 zanahorias, cortadas en rodajas
2 pimientos rojos, cortados en trozos pequeños
2 manojos de *bimi*, cortados en trozos pequeños
60 ml de salsa de soja clara
1 cucharada de salsa de pescado
2 cucharaditas de azúcar de palma de coco
o azúcar moreno

Caliente un wok hasta que una gota de agua se evapore en uno o dos segundos. Añada el aceite
y la carne de cerdo y remueva hasta que se dore, deshaciendo los trozos pegados. Incorpore la citronela,
el jengibre y el ajo, y remueva hasta que desprendan el aroma. A continuación, agregue las cebolletas,
las zanahorias y los pimientos. Cocínelos durante 2 o 3 minutos, hasta que comiencen a ablandarse.

Añada el *bimi*, la salsa de soja, la salsa de pescado y el azúcar, y cocine todo 2 o 3 minutos, hasta
que las verduras estén tiernas pero crujientes. Sirva inmediatamente.

Para 4 personas

cordero con albahaca tailandesa

véanse variaciones en la página 103

Para esta receta se puede utilizar lomo, solomillo o filetes de cordero, es decir, cortes magros
y tiernos que resultan perfectos para cocinar rápido y que tienen mucho sabor. La salsa de pescado
se elabora con pescado fermentado y su sabor es intenso y salado. Sirva este plato con arroz.

2 cucharadas de aceite de cacahuete
   o aceite vegetal
25 g de jengibre fresco, picado en palitos
2 dientes de ajo, finamente picados
1 tallo de citronela, sin las hojas exteriores
   ni la raíz y con la parte blanca finamente
   picada
4 cebolletas, picadas
450 g de filetes finos de cordero

1 zanahoria grande, cortada en rodajas
2 calabacines medianos, cortados por la mitad
   a lo largo y en rodajas
3 cucharadas de salsa de soja clara
1 cucharada de salsa de pescado
1 cucharada de azúcar de palma de coco
   o azúcar moreno
la ralladura y el zumo de 1 lima
1 manojo de albahaca tailandesa fresca

Caliente un wok hasta que una gota de agua se evapore en uno o dos segundos. Añada el aceite,
el jengibre, el ajo, la citronela y las cebolletas, y deje que se doren. Agregue la carne de cordero
y remueva hasta que comience a tomar color.

Incorpore la zanahoria y cocínela durante 1 o 2 minutos más, y, a continuación, añada el calabacín,
la salsa de soja, la salsa de pescado, el azúcar y la ralladura y el zumo de lima. Continúe cocinando
todo hasta que la carne de cordero esté lista y las verduras estén tiernas pero crujientes.
Añada la mitad de la albahaca tailandesa y decore con el resto antes de servir.

Para 4 personas

cordero con berenjenas al curri rojo

véanse variaciones en la página 104

La berenjena absorbe mucho aceite al cocinarse. Si se seca en exceso, o si la pasta
de curri comienza a quemarse, baje el fuego y añada un poco de leche de coco.
Sirva este plato con arroz.

3 cucharadas de aceite de cacahuete
   o aceite vegetal, separadas
450 g de filetes de cordero en tiras
1 guindilla roja larga, sin semillas y finamente
   picada
2 dientes de ajo, finamente picados
8 cebolletas, cortadas en trozos pequeños

2 cucharadas de pasta de curri rojo
1 berenjena grande, cortada por la mitad
   y en tiras
125 ml de leche de coco
2 cucharadas de salsa de pescado
1 manojo pequeño de cilantro fresco, picado
1 guindilla roja, finamente picada, para servir

Caliente un wok hasta que una gota de agua se evapore en uno o dos segundos. Añada la mitad
del aceite y la carne de cordero, y cocínela 2 o 3 minutos, hasta que esté en su punto. Retire
la carne de cordero y cubra el plato para mantenerla caliente.

Vierta al wok el resto del aceite, caliéntelo hasta que salga humo y, a continuación, agregue
la guindilla, el ajo y las cebolletas, y remueva hasta que se doren. Añada la pasta de curri rojo
y cocine todo durante otros 15 segundos. Incorpore la berenjena y remueva durante 2 o 3 minutos,
hasta que se dore y se impregne con la pasta de curri.

Vierta al wok la leche de coco y la salsa de pescado y llévelo al punto de ebullición. Remueva hasta
que la berenjena se ablande. Vuelva a añadir al wok la carne de cordero con su jugo y cocínela hasta que se
caliente. Añada la mitad del cilantro y decore con la guindilla roja finamente picada y el resto del cilantro.

Para 4 personas

cerdo con brócoli chino en salsa espesa

véanse variaciones en la página 105

Tenga cuidado al cocinar la carne de cerdo de esta receta, ya que el alto contenido en azúcar de la marinada hace que se pueda quemar fácilmente. Si empieza a quemarse baje un poco el fuego y siga cocinando. La salsa *kecap manis* es una salsa de soja oscura y espesa. Sirva acompañado de arroz.

450 g de filetes de cerdo en tiras
60 ml de salsa *hoisin*
2 cucharadas de salsa de soja clara
2 cucharadas de salsa *kecap manis*
    (*véase* glosario, página 280)
1 cucharada de vino de arroz
1 cucharada de azúcar de palma de coco
    o azúcar moreno

2 dientes de ajo, finamente picados
2 cucharadas de aceite de cacahuete
    o aceite vegetal
8 cebolletas, cortadas en trozos pequeños
1 manojo grande de brócoli chino, cortado
    en trozos pequeños
60 ml de agua, si fuera necesario

Mezcle en un recipiente la carne de cerdo, la salsa *hoisin*, la salsa de soja, la salsa *kecap manis*, el vino de arroz, el azúcar y el ajo. Deje reposar durante 15 minutos.

Caliente un wok hasta que una gota de agua se evapore en uno o dos segundos. Añada el aceite y las cebolletas y deje que se doren. Agregue al wok la carne de cerdo y la marinada y remueva hasta que comience a dorarse.

Incorpore el brócoli chino y remueva durante 2 o 3 minutos más, hasta que el brócoli comience a ablandarse y la carne de cerdo esté cocinada; vierta un poco de agua en caso de que sea necesario. Sirva inmediatamente.

Para 4 personas

ternera crujiente

véanse variaciones en la página 106

En el wok es fácil freír, pero hay que tener cuidado al escurrir el aceite caliente, puesto que puede producir quemaduras muy serias. Por este motivo, en esta receta recomiendo freír en una sartén. Tenga siempre mucho cuidado al trabajar con aceite caliente. Sirva este plato con arroz.

2 cucharaditas de polvo de cinco especias
2 cucharadas de harina de maíz
450 g de filetes finos de solomillo
   de ternera
aceite de cacahuete o aceite vegetal para freír
2 cucharadas de aceite de cacahuete
   o aceite vegetal
2 dientes de ajo, finamente picados
15 g de jengibre fresco, finamente picado

2 guindillas rojas largas, sin semillas
   y finamente picadas
4 cebolletas, cortadas en trozos pequeños
2 pimientos rojos grandes, cortados en rodajas
2 cucharadas de salsa de chile dulce
2 cucharadas de kétchup
1 cucharada de vino de arroz
60 ml de salsa de soja clara
4 *bok choy* pequeños, picados

Mezcle en un recipiente el polvo de cinco especias con la harina de maíz. Seque la carne de ternera con papel de cocina, añádala al recipiente y remueva hasta que se impregne con la preparación. Vierta aceite de cacahuete o aceite vegetal a una sartén grande hasta que alcance unos 5 cm de profundidad y caliéntelo hasta que un palillo de madera chino burbujee al sumergirlo. Fría la carne de ternera en tres tandas, durante 2 o 3 minutos cada una, hasta que esté dorada y crujiente. Retire cada tanda con una espumadera y déjela reposar sobre papel de cocina para que se escurra el aceite. Retire el aceite del fuego y déjelo enfriar antes de desecharlo.

Caliente un wok hasta que una gota de agua se evapore en uno o dos segundos. Agregue 2 cucharadas de aceite, el ajo, el jengibre, las guindillas y las cebolletas, y cocínelos hasta que comiencen a dorarse.

Incorpore al wok el pimiento y remueva durante 1 o 2 minutos, hasta que comience a ablandarse. Añada al wok la salsa de chile dulce, el kétchup, el vino de arroz y la salsa de soja y llévelo a ebullición, removiendo para que se mezcle todo bien. Agregue la carne de ternera y el *bok choy*, remueva para que se impregne todo de salsa y cocine el plato hasta que el *bok choy* se ablande y la carne de ternera esté caliente. Sirva inmediatamente.

Para 4 personas

ternera con pasta de guindilla roja

véanse variaciones en la página 107

Existen numerosas variedades de pasta de guindilla roja en el mercado. Algunas son más dulces y otras más picantes. Pruebe distintos tipos para encontrar su favorita. Sirva este plato con arroz.

450 g de filetes de solomillo de ternera en tiras
2 cucharadas de pasta de guindilla al estilo tailandés
2 cucharadas de aceite de cacahuete o aceite vegetal
1 cebolla roja grande, cortada por la mitad y en rodajas

2 tallos de apio, cortados en rodajas
1 brócoli grande, cortado en trozos pequeños
60 ml de agua
2 cucharadas de salsa de soja clara
1 cucharada de salsa de pescado
4 *bok choy* pequeños, picados

Mezcle la carne de ternera y la pasta de guindilla en un recipiente y deje marinar durante 10 minutos. Caliente un wok hasta que una gota de agua se evapore en uno o dos segundos. Añada el aceite y la cebolla roja y remueva durante 1 o 2 minutos, hasta que la cebolla comience a dorarse. Agregue la carne de ternera y remueva durante 1 o 2 minutos más, hasta que la pasta de guindilla desprenda su aroma y la carne esté parcialmente cocinada.

Incorpore al wok el apio, el brócoli y el agua, y remueva durante 1 o 2 minutos; a continuación, añada la salsa de soja clara, la salsa de pescado y el *bok choy*. Continúe cocinando hasta que el *bok choy* comience a ablandarse y la carne esté cocida.

Para 4 personas

cerdo agridulce

véanse variaciones en la página 108

La salsa agridulce es típica de los platos cocinados con wok y siempre ha gozado de gran popularidad. Para que el plato pueda servirse con rapidez y facilidad debemos preparar la salsa con antelación. Sírvalo con una cantidad de arroz suficiente para absorber la salsa.

60 ml de vinagre blanco
60 mg de azúcar blanquilla
2 cucharadas de salsa de chile dulce
2 cucharadas de salsa de soja clara
1 lata (375 g) de piña troceada, escurrida
60 ml del líquido de la lata de piña
2 cucharadas de harina de maíz
2 cucharadas de aceite de cacahuete
 o aceite vegetal

8 cebolletas, cortadas en trozos
 pequeños
2 dientes de ajo, finamente picados
450 g de filetes de cerdo en tiras
2 pimientos verdes, cortados
 en trozos pequeños
1 zanahoria grande, cortada
 en rodajas
225 g de tirabeques, limpios

Mezcle en una cazuela a fuego medio el vinagre blanco, el azúcar, la salsa de chile dulce y la salsa de soja clara. Llévela al punto de ebullición y remueva hasta que se disuelva el azúcar. Baje el fuego, añada el líquido de la piña que ha reservado y la harina de maíz, y mezcle hasta que la salsa espese. Retire del fuego y reserve.

Caliente un wok hasta que una gota de agua se evapore en uno o dos segundos. Agregue el aceite, las cebolletas y el ajo, y deje que se doren. Incorpore la carne de cerdo y remueva hasta que comience a tomar color. Añada el pimiento y la zanahoria y remueva durante 2 o 3 minutos, hasta que comiencen a ablandarse. Agregue la salsa, los trozos de piña y los tirabeques, y deje hervir a fuego lento hasta que la carne esté cocinada y las verduras estén tiernas pero crujientes.

Para 4 personas

cordero con calabaza, guindilla verde y lima

véanse variaciones en la página 109

Las hojas de lima *kaffir* de esta receta pueden sustituirse por más ralladura de lima si no se encuentran. Pruebe a servir este plato con cuñas de lima y chalotas fritas y acompañado de arroz al vapor.

2 cucharadas de aceite de cacahuete
   o aceite vegetal
2 dientes de ajo, finamente picados
25 g de jengibre fresco, finamente picado
2 guindillas verdes largas, sin semillas
   y finamente picadas
2 hojas de lima *kaffir*, picadas
1 cebolla roja grande, cortada por la mitad
   y en rodajas
450 g de filetes de cordero en tiras

450 g de calabaza amarilla, cortada en rodajas
1 calabacín mediano, cortado por la mitad
   a lo largo y en rodajas
3 cucharadas de salsa de soja clara
3 cucharadas de salsa *kecap manis*
2 cucharaditas de azúcar de palma de coco
   o azúcar moreno
la ralladura y el zumo de 1 lima
1 manojo pequeño de cilantro fresco, picado
1 guindilla verde, picada (opcional)

Caliente un wok hasta que una gota de agua se evapore en uno o dos segundos. Añada el aceite, el ajo, el jengibre, las guindillas, las hojas de lima y la cebolla, y deje que se doren. Agregue la carne de cordero y remueva hasta que comience a tomar color.

Incorpore la calabaza amarilla y el calabacín, y cocínelos durante 1 o 2 minutos más, y, a continuación, añada la salsa de soja clara, la salsa *kecap manis*, el azúcar y la ralladura y el zumo de lima. Cocine todo hasta que la carne esté lista y las verduras estén tiernas pero crujientes. Agregue la mitad del cilantro y decore con el resto y, si lo desea, añada una guindilla verde más.

Para 4 personas

ternera con brotes de bambú y maíz baby

véanse variaciones en la página 110

El maíz baby suele encontrarse fresco en los supermercados, pero si no es así, puede adquirirse en latas listo para usar, al igual que ocurre con los brotes de bambú. Sirva este plato con arroz.

2 cucharadas de aceite de cacahuete
    o aceite vegetal
2 dientes de ajo, finamente picados
1 tallo de citronela, sin las hojas exteriores ni la raíz
    y con la parte blanca finamente picada
4 cebolletas pequeñas, picadas

450 g de filetes de ternera en tiras
2 latas (225 g) de brotes de bambú, escurridos
225 g de maíz baby fresco, cortado en rodajas
60 ml de salsa de soja clara
2 cucharadas de salsa *kecap manis*
1 manojo de cilantro fresco, picado

Caliente un wok hasta que una gota de agua se evapore en uno o dos segundos. Añada el aceite, el ajo, la citronela y las cebolletas, y deje que se doren. Agregue la carne de ternera y remueva hasta que comience a tomar color.

Incorpore los brotes de bambú y el maíz baby y cocínelos durante 1 o 2 minutos; a continuación, añada la salsa de soja y la salsa *kecap manis*. Siga cocinando hasta que la carne esté totalmente cocida y las verduras estén tiernas pero crujientes. Añada la mitad del cilantro y decore con el resto antes de servir.

Para 4 personas

carne de cordero picada con castañas de agua en salsa *hoisin*

véanse variaciones en la página 111

Las castañas de agua aportan una textura crujiente y jugosa a los platos. Pueden encontrarse en latas en las tiendas especializadas en productos asiáticos y para utilizarlas solo tendrá que escurrirlas. Sirva el cordero sobre hojas de lechuga acompañado de arroz o fideos.

2 cucharadas de aceite de cacahuete
    o aceite vegetal
450 g de carne de cordero picada
1 tallo de citronela, sin las hojas exteriores
    ni la raíz y con la parte blanca finamente
    picada
25 g de jengibre fresco, finamente picado
2 dientes de ajo, finamente picados
4 cebolletas, cortadas en trozos pequeños

2 latas (225 g) de castañas de agua,
    escurridas y picadas
125 ml de salsa *hoisin*
1 cucharada de salsa de pescado
2 cucharaditas de azúcar de palma de coco
    o azúcar moreno
1 lechuga iceberg, con las hojas separadas
    para servir en ellas
65 g de cacahuetes tostados, picados

Caliente un wok hasta que una gota de agua se evapore en uno o dos segundos. Añada el aceite y la carne de cordero, y remueva hasta que se dore, deshaciendo los trozos pegados. Agregue la citronela, el jengibre y el ajo, y deje que se doren. Incorpore las cebolletas y cocínelas durante 1 minuto más, hasta que comiencen a ablandarse.

Añada las castañas de agua, la salsa *hoisin*, la salsa de pescado y el azúcar, y cocine todo de 1 a 2 minutos, hasta que esté bien mezclado y caliente. Sirva inmediatamente sobre las hojas de lechuga, decorado con cacahuetes picados.

Para 4 personas

ternera con cacahuetes, guindilla y albahaca

véanse variaciones en la página 112

A esta receta le van muy bien los filetes de ternera, el corte más magro y tierno de la ternera. También se puede utilizar cualquier otro corte de ternera magro y tierno, como el solomillo o la cadera. Sirva este plato con fideos o arroz.

2 cucharadas de aceite de cacahuete
o aceite vegetal
2 dientes de ajo, finamente picados
25 g de jengibre fresco, finamente picado
2 guindillas ojo de pájaro, sin semillas y finamente picadas
1 cebolla roja grande, cortada por la mitad y en rodajas
450 g de filetes de ternera en tiras

1 brócoli grande, cortado en trozos pequeños
2 latas (225 g) de castañas de agua, escurridas
60 ml de salsa de ostras
2 cucharadas de salsa de soja clara
2-3 cucharadas de agua, en caso necesario
1 manojo de albahaca fresca, picada
75 g de cacahuetes tostados, picados
albahaca fresca adicional (opcional)

Caliente un wok hasta que una gota de agua se evapore en uno o dos segundos. Añada el aceite, el ajo, el jengibre, las guindillas y la cebolla, y deje que se doren. Agregue la carne de ternera y remueva hasta que comience a tomar color.

Incorpore el brócoli y cocínelo durante 1 o 2 minutos más; a continuación, añada las castañas de agua, la salsa de ostras y la salsa de soja. Siga cocinando hasta que la carne de ternera esté totalmente cocida y las verduras estén tiernas pero crujientes; vierta agua en caso de que sea necesario. Añada la mitad de la albahaca y los cacahuetes, y decore con el resto antes de servir. Si lo desea, también puede decorar con unas hojas enteras de albahaca.

Para 4 personas

panceta de cerdo con gambas, jengibre y ajo

véanse variaciones en la página 113

La grasa de la panceta hará que quede dorada y crujiente al freírla. Si no logra que el wok se caliente lo suficiente, fría la panceta en varias tandas de poca cantidad para evitar que se enfríe el wok y la carne quede estofada en lugar de frita. Sirva este plato con fideos o arroz.

275 g de panceta de cerdo, cortada en lonchas
    muy finas
2 cucharadas de aceite de cacahuete
    o aceite vegetal, separadas
40 g de jengibre fresco, picado en palitos
3 dientes de ajo, finamente picados
1 cebolla roja mediana, picada
275 g de gambas peladas y limpias

450 g de tirabeques, limpios
125 ml de salsa *hoisin*
1 cucharada de salsa de pescado
1 cucharadita de azúcar de palma de coco
    o azúcar moreno
225 g de brotes de alubias
2 cebolletas pequeñas, cortadas
    en rodajas finas

Caliente un wok hasta que una gota de agua se evapore en uno o dos segundos. Añada la panceta y la mitad del aceite, y fríala hasta que esté crujiente y dorada. Retírela a un plato, cúbrala y resérvela. Escurra el exceso de grasa del wok.

Agregue al wok el resto del aceite, caliéntelo hasta que comience a salir humo e incorpore el jengibre, el ajo y la cebolla roja. Cocínelos hasta que comiencen a dorarse. Añada las gambas y remueva durante 2 o 3 minutos, hasta que empiecen a volverse opacas. Agregue los tirabeques, cocínelos durante 1 minuto y vuelva a añadir la panceta al wok. Incorpore la salsa *hoisin*, la salsa de pescado, el azúcar y los brotes de alubias, y remueva durante 2 o 3 minutos, hasta que todo se mezcle y esté caliente. Decore con cebolletas.

Para 4 personas

cerdo con raíz de loto

véanse variaciones en la página 114

Si no encuentra raíz de loto puede utilizar cualquier otro tubérculo, como patata, nabo, chirivía, zanahoria o boniato, o una mezcla de todos ellos. Lave, pele y corte en rodajas el tubérculo y cocínelo siguiendo las instrucciones hasta que esté tierno. Sirva este plato con arroz.

un chorro de vinagre
2 raíces de loto
450 g de filetes de cerdo en tiras
3 cucharadas de aceite de cacahuete
    o aceite vegetal, separadas

2 dientes de ajo, finamente picados
25 g de jengibre fresco, finamente picado
1 manojo de cebolletas, picadas
60 ml de salsa de soja clara
2 cucharaditas de salsa picante

Llene un recipiente grande de agua fría y añada un chorro generoso de vinagre. Pele las raíces de loto y córtelas en rodajas finas e introdúzcalas inmediatamente en el recipiente con agua y vinagre. Cuando vaya a cocinarlas deberá escurrirlas y secarlas con papel de cocina.

Caliente un wok hasta que una gota de agua se evapore en uno o dos segundos. Añada la carne de cerdo y la mitad del aceite, y cocínela durante 2 o 3 minutos, hasta que esté en su punto. Retire la carne a un plato y cúbralo para que se mantenga caliente. Caliente el resto del aceite hasta que comience a salir humo y agregue el ajo, el jengibre y las cebolletas, y remueva hasta que se doren. Incorpore la raíz de loto y cocínela durante 3 o 4 minutos, removiendo de vez en cuando, hasta que comience a cambiar de color y a volverse transparente. Vierta la salsa de soja y la salsa picante y cocine todo durante 1 o 2 minutos, hasta que la raíz de loto comience a caramelizarse. Vuelva a añadir la carne de cerdo con su jugo al wok. Mezcle bien y sirva inmediatamente.

Para 4 personas

ternera con alubias negras

véanse variaciones en la página 115

Las alubias negras fermentadas tienen un intenso sabor salado que queda bien con la mayoría de carnes y verduras. Si no encuentra alubias negras, sustitúyalas, junto con el agua y la harina de maíz, por 125 ml de salsa de alubias negras de buena calidad. Sirva este plato con arroz.

2 cucharadas de aceite de cacahuete
   o aceite vegetal
2 dientes de ajo, finamente picados
1 cebolla, cortada por la mitad y en rodajas
450 g de filetes de solomillo de ternera
½ coliflor pequeña, cortada en trozos pequeños
1 ½ cucharadas de alubias negras saladas
   y fermentadas, hechas puré con 60 ml
   de agua caliente

2 cucharadas de salsa de soja clara
2 cucharaditas de azúcar de palma de coco
   o azúcar moreno
2 cucharaditas de harina de maíz
60 ml de agua fría
1 manojo pequeño de cilantro fresco,
   picado
hojas de cilantro para decorar
   (opcional)

Caliente un wok hasta que una gota de agua se evapore en uno o dos segundos. Añada el aceite, el ajo y la cebolla, y deje que se doren. Agregue la carne de ternera y remueva durante 1 o 2 minutos, hasta que comience a dorarse.

Incorpore al wok la coliflor y cocínela durante 1 o 2 minutos, hasta que comience a cocerse. Añada las alubias negras en agua, la salsa de soja clara y el azúcar, y remueva durante 2 o 3 minutos, hasta que la coliflor esté tierna. Mezcle la harina de maíz con el agua, viértala al wok y comience a remover de inmediato para evitar que se formen grumos. Siga cocinando alrededor de 1 minuto, hasta que la salsa se espese. Añada la mitad del cilantro y decore con el resto y, si lo desea, agregue hojas de cilantro adicionales.

Para 4 personas

ternera con pimientos en salsa de soja

véanse variaciones en la página 116

Cuanto más finas sean las rodajas, más rápido se cocinarán los ingredientes; no obstante, lo más importante es que las rodajas tengan un tamaño similar para que todo se cocine de manera uniforme. Téngalo en cuenta al preparar los ingredientes. Sirva este plato con fideos o arroz.

60 ml de salsa de soja clara
1 cucharada de aceite de sésamo
1 cucharadita de azúcar de palma de coco
   o azúcar moreno
450 g de filetes de solomillo de ternera en tiras
2 cucharadas de aceite de cacahuete
   o aceite vegetal

2 cebollas rojas medianas, cortadas por la mitad
   y en rodajas
2 dientes de ajo, finamente picados
2 pimientos rojos, cortados en rodajas
1 pimiento verde, cortado en rodajas
1 pimiento amarillo, cortado en rodajas
2 cucharadas de salsa de soja oscura

Añada la salsa de soja clara, el aceite de sésamo, el azúcar y la carne de ternera a un recipiente y mezcle bien. Deje marinar durante 10 minutos.

Caliente un wok hasta que una gota de agua se evapore en uno o dos segundos. Agregue el aceite de cacahuete o aceite vegetal, la cebolla y el ajo, y cocínelos hasta que comiencen a dorarse. Incorpore la carne de ternera y la marinada, y remueva para sellarla.

Añada al wok los pimientos y remueva durante 2 o 3 minutos, hasta que comiencen a ablandarse. Agregue la salsa de soja oscura y siga removiendo hasta que la carne esté en su punto y los pimientos estén tiernos. Sirva inmediatamente.

Para 4 personas

cordero con menta vietnamita y guindilla

véanse variaciones en la página 117

La menta vietnamita también se conoce como cilantro vietnamita, menta camboyana u hojas *laksa*. Si no la encuentra, puede sustituirla por cilantro o menta normal, o incluso una mezcla de ambos. Sirva este plato con arroz.

2 cucharadas de aceite de cacahuete
   o aceite vegetal
2 dientes de ajo, finamente picados
25 g de jengibre fresco, finamente picado
2 guindillas rojas largas, sin semillas y finamente
   picadas
1 cebolla grande, cortada por la mitad y en rodajas

450 g de filetes de cordero
450 g de judías verdes, limpias
60 ml de salsa de soja clara
3 cucharadas de salsa de chile dulce
1 manojo pequeño de menta vietnamita fresca,
   picada (*véase* glosario, página 280)
1 guindilla roja, picada

Caliente un wok hasta que una gota de agua se evapore en uno o dos segundos. Añada el aceite, el ajo, el jengibre, las guindillas rojas largas y la cebolla, y deje que se doren. Agregue la carne de cordero y remueva hasta que comience a tomar color.

Incorpore las judías verdes y cocínelas durante 1 o 2 minutos; a continuación, añada la salsa de soja clara y la salsa de chile dulce. Cocine todo hasta que la carne esté totalmente cocida y las verduras estén tiernas pero crujientes. Añada la mitad de la menta vietnamita y decore con el resto y guindilla roja adicional. Sirva inmediatamente.

Para 4 personas

cordero al estilo mongol

véanse variaciones en la página 118

Si la salsa del cordero espesa demasiado y comienza a quemarse al cocinarla, baje el fuego y añada un poco de agua. El repollo chino es una verdura muy versátil que presenta hojas de color verde claro y un sabor suave y dulzón. Sirva este plato con arroz.

2 cucharaditas de harina de maíz
3 cucharadas de salsa de soja clara, separadas
2 cucharaditas de vino de arroz
2 dientes de ajo, finamente picados
25 g de jengibre fresco, finamente picado
450 g de filetes de cordero en tiras
2 cucharadas de aceite de cacahuete
   o aceite vegetal

8 cebolletas, picadas
¼ de repollo chino pequeño,
   picado
450 g de tirabeques, limpios
3 cucharadas de salsa de ostras
2 cucharaditas de aceite de sésamo
60 ml de agua

Mezcle la harina de maíz, 1 cucharada de salsa de soja clara, el vino de arroz, el ajo y el jengibre en un recipiente. Añada la carne de cordero y remueva hasta que se impregne. Deje marinar durante 15 minutos.

Caliente un wok hasta que una gota de agua se evapore en uno o dos segundos. Agregue el aceite de cacahuete o aceite vegetal, las cebolletas y la carne de cordero, y cocine todo hasta que la carne comience a dorarse.

Incorpore el repollo chino y los tirabeques, y cocínelos durante 1 o 2 minutos; a continuación, añada las 2 cucharadas restantes de salsa de soja clara, la salsa de ostras, el aceite de sésamo y el agua. Continúe cocinando hasta que la carne esté totalmente cocida y las verduras estén tiernas pero crujientes. Sirva inmediatamente.

Para 4 personas

cerdo a la miel con sésamo

véanse variaciones en la página 119

Pruebe a servir este delicioso plato dulce y salado acompañado de arroz al vapor con jengibre y un poco de aceite de sésamo y decorado con cebolletas cortadas en rodajas finas.

2 cucharaditas de aceite de sésamo
60 ml de salsa de soja clara, separados
25 g de jengibre fresco, finamente picado
450 g de filetes de cerdo en tiras
2 cucharadas de aceite de cacahuete
     o aceite vegetal
2 cucharadas de semillas de sésamo

225 g de brotes de alubias
1 cebolla mediana, cortada por la mitad
     y en rodajas
225 g de espinacas baby
2 cucharadas de miel
2 cucharaditas de harina de maíz
125 ml de agua

Mezcle en un recipiente el aceite de sésamo, 2 cucharadas de salsa de soja clara, el jengibre y la carne de cerdo. Deje marinar durante 10 minutos.

Caliente un wok hasta que una gota de agua se evapore en uno o dos segundos. Añada el aceite de cacahuete o aceite vegetal y las semillas de sésamo, y remueva rápidamente para tostarlas. Incorpore la cebolla y cocínela hasta que comience a dorarse. Agregue la carne de cerdo y la marinada y remueva durante 1 o 2 minutos, hasta que comience a cocinarse.

Añada al wok los brotes de alubias, las espinacas baby, la miel y las 2 cucharadas restantes de salsa de soja clara. Mezcle rápidamente la harina de maíz y el agua, viértala al wok y comience a remover de inmediato para evitar que se formen grumos. Continúe cocinando durante 1 o 2 minutos, hasta que espese la salsa, y mezcle todo para que se impregnen las verduras y la carne. Sirva inmediatamente.

Para 4 personas

judías con cerdo al estilo de Sichuán

véanse variaciones en la página 120

La pimienta de Sichuán tiene un sabor picante realmente único. Las judías *yardlong* son una variedad de judías verdes sin hebras que puede encontrar en las tiendas especializadas en productos asiáticos. Si no las encuentra, puede sustituirlas por judías verdes normales sin hebras.

aceite de cacahuete o aceite vegetal para freír
675 g de judías *yardlong*, cortadas en trozos
    de 7,5 cm
2 cucharadas de aceite de cacahuete
    o aceite vegetal, para recubrir el wok
2 cucharaditas de pimienta de Sichuán

100 g de carne de cerdo picada
2 dientes de ajo, finamente picados
15 g de jengibre fresco, finamente picado
4-8 guindillas rojas secas, picadas
4 cebolletas, cortadas en trozos pequeños
60 ml de salsa de soja clara

Vierta aceite de cacahuete o aceite vegetal a una sartén grande hasta que alcance unos 5 cm de profundidad y caliéntelo hasta que un palillo de madera chino burbujee al sumergirlo. Fría las judías *yardlong* en 3 tandas, durante 6 u 8 minutos cada una, hasta que estén arrugadas y comiencen a aparecer puntos marrones. Retire con una espumadera y deje escurrir sobre papel de cocina. Retire el aceite del fuego.

Caliente un wok hasta que una gota de agua se evapore en uno o dos segundos. Vierta al wok 2 cucharadas de aceite y, a continuación, la pimienta de Sichuán; cocine durante 10 segundos y añada la carne de cerdo picada, removiendo y deshaciendo los trozos pegados hasta que la carne esté cocinada y empiece a estar crujiente. Agregue el ajo, el jengibre, las guindillas secas y las cebolletas, y cocínelos hasta que comiencen a dorarse. Incorpore al wok las judías *yardlong* y la salsa de soja y cocínelas durante 1 o 2 minutos más, hasta que estén calientes y todo se haya mezclado bien. Sirva inmediatamente.

Para 4 personas

cerdo *teriyaki*

véanse variaciones en la página 121

La salsa de esta receta es oscura, espesa y salada, como les gusta a los amantes de la salsa *teriyaki*. Prepare el doble y consérvela en la nevera para cocinar al wok o para añadírsela a la carne. Sirva este plato con arroz.

2 cucharadas de salsa de soja clara
1 cucharada de salsa de soja oscura
1 cucharada de azúcar moreno
1 cucharada de miel

15 g de jengibre fresco, finamente picado
1 diente de ajo, finamente picado
125 ml de agua, separada en dos
2 cucharaditas de harina de maíz
2 cucharadas de aceite de cacahuete o aceite vegetal

1 cebolla roja mediana, picada
450 g de filetes de cerdo en tiras
1 brócoli, cortado en trozos pequeños
2 calabacines medianos, cortados por la mitad a lo largo y en rodajas

Añada las salsas de soja, el azúcar moreno, la miel, el jengibre, el ajo y 60 ml de agua a una sartén a fuego medio, llévela al punto de ebullición y deje que hierva a fuego lento durante 2 o 3 minutos, hasta que se disuelva el azúcar. Mezcle rápidamente la harina de maíz con los 60 ml de agua restantes, viértala a la sartén y comience a remover de inmediato para evitar que se formen grumos. Cocine la salsa alrededor de 30 segundos, hasta que espese. Retírela del fuego y resérvela.

Caliente un wok hasta que una gota de agua se evapore en uno o dos segundos. Incorpore el aceite, la cebolla y la carne de cerdo, y cocine todo durante 1 o 2 minutos, hasta que comience a dorarse la cebolla y la carne esté parcialmente cocinada. Añada el brócoli y remueva durante 1 o 2 minutos más. Agregue el calabacín y remueva durante 1 minuto y, a continuación, vierta la salsa *teriyaki*. Cocine hasta que todos los ingredientes estén impregnados, las verduras estén tiernas pero crujientes y la carne esté cocida. Sirva inmediatamente.

Para 4 personas

variaciones

ternera con jengibre y setas *shiitake*

véase receta base en la página 67

ternera con jengibre y pimientos verdes

Omita las setas *shiitake*. Añada 2 pimientos verdes grandes, cortados en rodajas, con
el pimiento rojo. Elabore la receta siguiendo las instrucciones, pero agregue un poco
de caldo de ternera en lugar del líquido de las setas en caso de que sea necesario.

cerdo con jengibre y judías verdes

Sustituya la carne de ternera por 450 g de filetes finos de cerdo cortados en tiras
y las setas *shiitake* por 450 g de judías verdes limpias. Añada un poco de caldo de verduras
en lugar del líquido de las setas en caso de que sea necesario.

ternera con jengibre y champiñones

Sustituya las setas *shiitake* por 450 g de champiñones pequeños cortados en rodajas. Vierta
un poco de caldo de ternera en lugar del líquido de las setas en caso de que sea necesario.

ternera con jengibre, cebolla y guindilla

Omita las setas *shiitake*. Aumente la cantidad de cebolla a 2 cebollas grandes cortadas en rodajas
y añádalas junto con 2 guindillas rojas sin semillas y finamente picadas. Agregue un poco más
de caldo de ternera en lugar del líquido de las setas en caso de que sea necesario.

variaciones

carne de cerdo picada con citronela

véase receta base en la página 68

carne de cerdo picada con lima y guindilla
Sustituya la citronela por 2 guindillas rojas sin semillas finamente picadas. Elabore la receta siguiendo las instrucciones, pero añada la ralladura y el zumo de 1 lima con la salsa de soja y aumente la cantidad de azúcar a 1 cucharada. Sirva con cuñas de lima.

carne de ternera picada con citronela
Prepare la receta base, pero sustituya la carne de cerdo por 450 g de carne de ternera picada.

carne de cordero picada con citronela y menta vietnamita
Sustituya la carne de cerdo por 450 g de carne de cordero picada. Elabore la receta siguiendo las instrucciones, pero añada 1 manojo de menta vietnamita fresca picada antes de servir.

carne de cerdo picada con citronela y jengibre
Aumente la cantidad de jengibre fresco a 40 g de jengibre pelado y picado en palitos.

variaciones

cordero con albahaca tailandesa

véase receta base en la página 70

cordero con albahaca tailandesa y guindilla
Añada 2 guindillas rojas sin semillas y finamente picadas con el jengibre, el ajo, la citronela
y las cebolletas. Sirva con una guindilla roja finamente picada.

ternera con albahaca tailandesa
Prepare la receta base, pero sustituya la carne de cordero por 450 g de filetes finos de solomillo
de ternera en tiras.

cerdo con albahaca tailandesa
Prepare la receta base, pero sustituya la carne de cordero por 450 g de filetes finos
de cerdo en tiras.

cordero con albahaca tailandesa y jengibre
Aumente la cantidad de jengibre fresco a 40 g de jengibre pelado y picado en palitos.

variaciones

cordero con berenjenas al curri rojo

véase receta base en la página 72

cordero con berenjenas al curri verde
Prepare la receta base, pero sustituya la guindilla roja por 1 guindilla verde sin semillas
finamente picada y la pasta de curri rojo por 2 cucharadas de pasta de curri verde.

cordero con calabaza al curri rojo
Prepare la receta base, pero sustituya la berenjena por ½ calabaza cacahuete cortada
en rodajas.

ternera con berenjenas al curri rojo
Prepare la receta base, pero sustituya la carne de cordero por 450 g de filetes finos
de ternera en tiras.

cordero con raíz de loto al curri rojo
Sustituya la berenjena por 1 o 2 raíces de loto. Pele y corte en rodajas las raíces de loto y
póngalas en un recipiente con agua fría y un chorro de vinagre. Cuando vaya a cocinarlas deberá
escurrirlas y secarlas con papel de cocina. Añada las raíces de loto en lugar de la berenjena y elabore
la receta siguiendo las instrucciones.

variaciones

cerdo con brócoli chino en salsa espesa

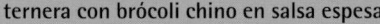

véase receta base en la página 73

ternera con brócoli chino en salsa espesa
Prepare la receta base, pero sustituya la carne de cerdo por 450 g de filetes finos
de solomillo de ternera cortados en tiras.

cerdo con *bok choy* en salsa espesa
Prepare la receta base, pero sustituya el brócoli chino por 8 *bok choy* baby, cortados
en trozos pequeños.

cordero con repollo chino en salsa espesa
Sustituya la carne de cerdo por 450 g de filetes de cordero y el brócoli chino por ½ repollo chino
pequeño picado. Elabore la receta siguiendo las instrucciones.

cerdo con champiñones en salsa espesa
Omita el brócoli chino. Añada 450 g de champiñones laminados con las cebolletas. Cocine todo
hasta que los champiñones comiencen a ablandarse y a tomar color y, a continuación, agregue la carne
de cerdo. Siga cocinando hasta que la carne esté lista y, en caso necesario, vierta un poco de agua.
Sirva inmediatamente.

variaciones

ternera crujiente

véase receta base en la página 74

cerdo crujiente
Prepare la receta base, pero sustituya la carne de ternera por 450 g de filetes finos de cerdo cortados en tiras.

ternera crujiente con fideos
Prepare 300 g de fideos frescos al huevo siguiendo las instrucciones del paquete. Añada los fideos con la carne de ternera y el *bok choy*, y cocine todo hasta que la carne y los fideos estén calientes y el *bok choy* se haya ablandado. No es necesario servir esta variante con arroz.

cordero crujiente
Prepare la receta base, pero sustituya la carne de ternera por 450 g de filetes finos de cordero cortados en tiras.

ternera crujiente picante
Prepare la receta base, pero aumente la cantidad de guindillas a 3 o 4, al gusto, y añada 2 o 3 cucharaditas de *sambal oelek* con las salsas.

variaciones

ternera con pasta de guindilla roja

véase receta base en la página 76

ternera con pasta de gambas
Omita la pasta de guindilla. Mezcle en un recipiente 2 cucharaditas de pasta de gambas, 1 diente de ajo pelado y finamente picado, 2 cucharadas de vino de arroz y 1 guindilla roja sin semillas y finamente picada. Añada la carne de ternera y deje marinar durante 15 minutos. Elabore la receta siguiendo las instrucciones.

cerdo con pasta de guindilla roja
Prepare la receta base, pero sustituya la carne de ternera por 450 g de filetes de cerdo cortados en tiras.

ternera con cacahuetes y pasta de guindilla roja
Añada 65 g de cacahuetes tostados y picados con el *bok choy*. Decore con más cacahuetes tostados y picados.

ternera con pasta de guindilla roja y albahaca tailandesa
Prepare la receta base, pero añada ½ manojo de albahaca tailandesa fresca picada antes de servir. Decore con ½ manojo de hojas de albahaca tailandesa.

variaciones

cerdo agridulce

véase receta base en la página 78

cerdo agridulce con fideos
Prepare 450 g de fideos frescos al huevo siguiendo las instrucciones del paquete y añádalos con los tirabeques. Elabore la receta siguiendo las instrucciones. No es necesario servir esta variante con arroz.

ternera agridulce
Prepare la receta base, pero sustituya la carne de cerdo por 450 g de filetes finos de solomillo de ternera cortados en tiras.

cerdo agridulce con gambas
Añada 225 g de gambas cocinadas pequeñas con la piña y los tirabeques. Cocine todo hasta que se caliente.

cerdo agridulce con verduras asiáticas
Sustituya las zanahorias y los pimientos por 1 manojo de brócoli chino cortado en trozos pequeños. Elabore la receta siguiendo las instrucciones, pero añada al wok ¼ de repollo chino pequeño cortado en juliana y 4 *bok choy* baby picados con los tirabeques.

variaciones

cordero con calabaza, guindilla verde y lima

véase receta base en la página 80

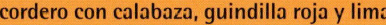

cordero con calabaza, guindilla roja y lima
Prepare la receta base, pero sustituya las guindillas verdes por 2 guindillas rojas largas
sin semillas y picadas. Decore el plato con una guindilla roja picada, además del cilantro.

ternera con calabaza, guindilla verde y lima
Prepare la receta base, pero sustituya la carne de cordero por 450 g de filetes finos
de ternera.

cerdo con pimientos verdes, pimienta negra y lima
Sustituya las guindillas por 1 o 2 cucharaditas de pimienta negra machacada, la carne
de cordero por 450 g de filetes de cerdo y la calabaza amarilla por 2 pimientos verdes grandes
sin semillas cortados en rodajas.

cordero con calabaza, leche de coco y lima
Reduzca las guindillas verdes a 1 y omita la salsa *kecap manis*. Añada 125 ml de leche de coco
con la salsa de soja y decore con 2 cucharadas de coco deshidratado tostado.

variaciones

ternera con brotes de bambú y maíz baby

véase receta base en la página 81

cerdo con brotes de bambú y maíz baby
Prepare la receta base, pero sustituya la carne de ternera por 450 g de filetes de cerdo cortados en tiras.

ternera con espárragos y maíz baby
Prepare la receta base, pero sustituya los brotes de bambú por 2 manojos de espárragos cortados en trozos.

ternera con brotes de bambú y champiñones
Omita el maíz baby. Añada 275 g de champiñones laminados después de la carne de ternera y cocínelos hasta que se ablanden. Elabore la receta siguiendo las instrucciones.

ternera con brotes de bambú y tirabeques
Prepare la receta base, pero sustituya el maíz baby por 225 g de tirabeques limpios.

variaciones

carne de cordero picada con castañas de agua en salsa *hoisin*

véase receta base en la página 82

carne de ternera picada con castañas de agua en salsa *hoisin*
Prepare la receta base, pero sustituya la carne de cordero por 450 g de carne de ternera picada.

carne de cerdo picada con castañas de agua en salsa *hoisin*
Prepare la receta base, pero sustituya la carne de cordero por 450 g de carne de cerdo picada.

carne de cordero picada con castañas de agua en salsa de ostras
Prepare la receta base, pero sustituya la salsa *hoisin* por 125 ml de salsa de ostras.

carne de cerdo picada con manzana en salsa *hoisin*
Sustituya las castañas de agua por 3 manzanas verdes peladas y picadas, sin los corazones. Elabore la receta siguiendo las instrucciones, con cuidado de que no se cocinen en exceso las manzanas.

variaciones

ternera con cacahuetes, guindilla y albahaca

véase receta base en la página 84

cordero con cacahuetes, guindilla y albahaca
Prepare la receta base, pero sustituya la carne de ternera por 450 g de filetes de cordero.

ternera con anacardos, guindilla y albahaca
Sustituya los cacahuetes por 100 g de anacardos tostados picados.

ternera con cacahuetes, guindilla y cilantro
Sustituya la albahaca por 1 manojo de cilantro fresco picado.

cerdo con almendras, guindilla y albahaca
Prepare la receta base, pero sustituya la carne de ternera por 450 g de filetes de cerdo
cortados en tiras y los cacahuetes por 65 g de almendras tostadas picadas.

variaciones

panceta de cerdo con gambas, jengibre y ajo

véase receta base en la página 86

panceta de cerdo con gambas, jengibre y guindilla
Reduzca la cantidad de ajo a 2 dientes finamente picados y añada 2 guindillas rojas
sin semillas finamente picadas con el jengibre, el ajo y la cebolla roja.

panceta de cerdo con filetes rusos de pescado, jengibre y ajo
Prepare la receta base, pero sustituya las gambas por 275 g de filetes rusos de pescado
cortados en trozos.

panceta de cerdo con gambas en salsa de ciruela
Sustituya la salsa *hoisin* por 125 ml de salsa de ciruela y la salsa de pescado por 2 cucharadas
de salsa de soja clara. Elabore la receta siguiendo las instrucciones.

ternera con gambas, jengibre y ajo
Sustituya la panceta de cerdo por 275 g de filetes de solomillo de ternera. Cocine la carne hasta
que esté en su punto y retírela a un plato, manteniéndola caliente. Elabore la receta siguiendo
las instrucciones y vuelva a añadir la carne de ternera con las salsas.

variaciones

cerdo con raíz de loto

véase receta base en la página 88

cerdo con raíz de loto y guindilla
Añada 2 guindillas rojas sin semillas finamente picadas con el ajo, el jengibre y las cebolletas, y aumente la cantidad de salsa picante a 1 o 2 cucharadas, al gusto.

cerdo con verduras asiáticas
Omita las raíces de loto. Añada 1 manojo grande de *choy sum* picado después de las cebolletas y cocínelo durante 1 o 2 minutos. Añada 8 *bok choy* baby cortados en cuartos con la salsa de soja.

ternera con raíz de loto
Prepare la receta base, pero sustituya la carne de cerdo por 450 g de filetes finos de solomillo de ternera.

cerdo con nabos
Prepare la receta base, pero sustituya la raíz de loto por 2 nabos pelados cortados en rodajas finas.

cerdo con cebolla y jengibre
Omita las raíces de loto. Aumente la cantidad de jengibre fresco a 40 g, píquelo finamente y añada 2 cebollas cortadas por la mitad y después en rodajas con el ajo, el jengibre y las cebolletas. Elabore la receta siguiendo las instrucciones, pero añada al wok 4 *bok choy* baby picados con las salsas.

ternera con alubias negras

véase receta base en la página 90

ternera con alubias negras y fideos
Prepare 450 g de fideos al huevo siguiendo las instrucciones del paquete y añádalos con las alubias negras. Elabore la receta siguiendo las instrucciones. No es necesario servir esta variación con arroz.

cerdo con alubias negras
Prepare la receta base, pero sustituya la carne de ternera por 450 g de filetes de cerdo cortados en tiras.

ternera con alubias negras y pimientos rojos
Prepare la receta base, pero sustituya la coliflor por 2 pimientos rojos grandes cortados en rodajas.

cordero con alubias negras
Prepare la receta base, pero sustituya la carne de ternera por 450 g de filetes de cordero cortados en tiras.

ternera con pimientos en salsa de soja

véase receta base en la página 92

cordero con pimientos en salsa de soja

Prepare la receta base, pero sustituya la carne de ternera por 450 g de filetes de cordero.

ternera con champiñones en salsa de soja

Sustituya los pimientos por 225 g de champiñones pequeños laminados, 2 champiñones Portobello laminados y 225 g de setas *shiitake* también laminadas. Elabore la receta siguiendo las instrucciones.

cerdo con pimientos en salsa de soja

Prepare la receta base, pero sustituya la carne de ternera por 450 g de filetes de cerdo cortados en tiras.

ternera con brócoli en salsa de soja

Sustituya los pimientos por 2 brócolis grandes cortados en trozos pequeños.

variaciones

cordero con menta vietnamita y guindilla

véase receta base en la página 94

cordero con albahaca y guindilla
Sustituya la menta vietnamita por 1 manojo pequeño de albahaca fresca picada.

cordero con menta vietnamita y cacahuetes
Prepare la receta base, pero omita las guindillas rojas y añada al wok 75 g de cacahuetes tostados picados antes de servir.

ternera con menta vietnamita y guindilla
Prepare la receta base, pero sustituya la carne de cordero por 450 g de filetes finos de solomillo de ternera cortados en tiras.

cordero con cilantro y pimienta de Sichuán
Omita la menta vietnamita y las guindillas rojas. Añada 2 cucharaditas de pimienta de Sichuán machacada justo antes de agregar el ajo, el jengibre y la cebolla. Elabore la receta siguiendo las instrucciones, pero sustituya la menta vietnamita por 1 manojo pequeño de cilantro fresco picado.

cordero al estilo mongol

véase receta base en la página 96

ternera al estilo mongol
Prepare la receta base, pero sustituya la carne de cordero por 450 g de filetes finos de solomillo de ternera cortados en tiras.

cordero al estilo mongol con calabacín
Prepare la receta base, pero sustituya los tirabeques por 2 calabacines cortados por la mitad a lo largo y en rodajas finas.

cordero al estilo mongol con fideos
Prepare 300 g de fideos al huevo siguiendo las instrucciones del paquete y añádalos con los tirabeques. Elabore la receta siguiendo las instrucciones. No es necesario servir esta variación con arroz.

cordero al estilo mongol con zanahorias
Sustituya el repollo chino por 2 zanahorias grandes cortadas por la mitad a lo largo y en rodajas finas.

variaciones

cerdo a la miel con sésamo

véase receta base en la página 97

cordero a la miel con sésamo
Prepare la receta base, pero sustituya la carne de cerdo por 450 g de filetes de cordero
cortados en tiras.

cerdo a la miel con limón
Omita las semillas de sésamo y reduzca la cantidad de aceite de sésamo a 1 cucharadita.
Añada a la marinada la ralladura y el zumo de 1 limón. Elabore la receta siguiendo
las instrucciones.

cerdo a la miel con sésamo y guindilla
Prepare la receta base, pero añada 2 guindillas rojas sin semillas y finamente picadas
con la cebolla.

cerdo a la miel con sésamo y fideos
Prepare 300 g de fideos *udon* frescos siguiendo las instrucciones del paquete y añádalos al wok
con los brotes de alubias y las espinacas tiernas. Elabore la receta siguiendo las instrucciones.
No es necesario servir esta variación con arroz.

cerdo con sésamo en salsa de chile dulce
Sustituya la miel y las 2 cucharadas finales de salsa de soja clara por 60 ml de salsa
de chile dulce.

variaciones

judías con cerdo al estilo de Sichuán

véase receta base en la página 98

judías picantes con cerdo

Prepare la receta base, pero omita la pimienta de Sichuán. Sustituya la mitad de las guindillas secas por entre 2 y 4 guindillas rojas frescas finamente picadas. Puede añadir 1 o 2 cucharaditas de pasta de guindilla roja con la salsa de soja para que el plato sea más picante.

judías verdes con cerdo al estilo de Sichuán

Prepare la receta base, pero sustituya las judías *yardlong* por 700 g de judías verdes limpias y sin hebras.

judías con cerdo, ajo y jengibre

Omita la pimienta de Sichuán y la guindilla seca. Aumente la cantidad de ajo a 4 dientes, pelados y finamente picados, y el jengibre fresco a 40 g, pelado y finamente picado.

judías con cerdo y cacahuetes al estilo de Sichuán

Maje en un mortero 125 g de cacahuetes y añádalos al wok con el ajo, el jengibre y las cebolletas. Elabore la receta siguiendo las instrucciones.

variaciones

cerdo *teriyaki*

véase receta base en la página 100

ternera *teriyaki*
Prepare la receta base, pero sustituya la carne de cerdo por 450 g de filetes de ternera cortados en tiras.

cerdo *teriyaki* con fideos
Prepare 300 g de fideos *udon* frescos siguiendo las instrucciones del paquete y añádalos con el calabacín. Elabore la receta siguiendo las instrucciones. No es necesario servir esta variación con arroz.

cordero *teriyaki*
Prepare la receta base, pero sustituya la carne de cerdo por 450 g de filetes de cordero.

cerdo *teriyaki* picante
Añada a la sartén 1 o 2 cucharadas de salsa picante, al gusto, con las salsas de soja clara y oscura, y agregue 1 guindilla roja sin semillas y finamente picada con la cebolla y la carne de cerdo.

verduras y tofu

Las verduras constituyen una parte fundamental
de casi todos los platos para wok y proporcionan
una amplia gama de sabores, texturas y colores.
Existen numerosas variedades asiáticas con las que
experimentar, y pueden intercambiarse fácilmente.
Además, también podemos encontrar muchos tipos
de tofu y *tempeh*, que aportan textura y absorben
muy bien los sabores.

brócoli con alubias negras

véanse variaciones en la página 155

Las alubias negras fermentadas pueden encontrarse en paquetes en tiendas especializadas en productos asiáticos. Si no las halla, sustitúyalas junto con el agua y la harina de maíz por 150 o 175 ml de salsa de alubias negras. Sirva este plato con arroz.

2 cucharadas de aceite de cacahuete o aceite vegetal
2 dientes de ajo, finamente picados
1 cebolla roja, picada
2 brócolis grandes, cortados en trozos pequeños
1 cucharada de alubias negras saladas y fermentadas, trituradas con 60 ml de agua caliente

2 cucharadas de salsa de soja clara
2 cucharaditas de harina de maíz
125 ml de agua fría
1 manojo pequeño de cilantro fresco, picado

Caliente un wok hasta que una gota de agua se evapore en uno o dos segundos. Añada el aceite, el ajo y la cebolla roja, y deje que se doren. Agregue el brócoli y remueva durante 1 o 2 minutos. Incorpore las alubias negras en agua y la salsa de soja y remueva durante 2 o 3 minutos más, hasta que el brócoli esté tierno.

Mezcle la harina de maíz con el agua, añádala al wok y comience a remover de inmediato para evitar que se formen grumos. Continúe cocinando la salsa durante 1 o 2 minutos, hasta que espese. Incorpore la mitad del cilantro y decore con el resto.

Para 4 personas

berenjenas picantes

véanse variaciones en la página 156

La berenjena es perfecta para cocinar en el wok, ya que tiene un delicioso sabor ahumado y absorbe muy bien el resto de aromas. Si le parece que el wok está demasiado lleno, pruebe a añadir la berenjena en dos tandas, retirando la primera para cocinar la segunda y añadiendo ambas al final. Sirva con verduras al vapor, arroz y salsa de chile dulce.

3 cucharadas de aceite de cacahuete
o aceite vegetal
2 guindillas rojas largas, sin semillas
y finamente picadas
2 dientes de ajo, finamente picados
4 cebolletas, cortadas en trozos
pequeños

2 berenjenas grandes, cortadas por la mitad
a lo largo y en tiras
1 cucharada de pasta de *miso* (*véase* glosario,
página 280)
3 cucharadas de salsa de soja clara
3 cucharadas de salsa de chile dulce
3 cucharadas de agua

Caliente un wok hasta que una gota de agua se evapore en uno o dos segundos. Añada el aceite, las guindillas, el ajo y las cebolletas, y deje que se doren. Agregue las berenjenas y remueva durante 2 o 3 minutos, hasta que se doren.

Incorpore la pasta de *miso*, la salsa de soja, la salsa de chile dulce y el agua, y cocine todo durante 2 o 3 minutos más, hasta que las berenjenas se ablanden y absorban la salsa.

Para 4 personas

berenjenas con tofu y tomate

véanse variaciones en la página 157

Los tomates se añaden al final para crear una salsa. Si le parece que la mezcla está seca, vierta un poco de agua. Sirva sobre un lecho de arroz.

1 paquete (350 g) de tofu extrafirme
3 cucharadas de aceite de cacahuete
   o aceite vegetal
25 g de jengibre fresco, finamente
   picado
2 dientes de ajo, finamente picados
1 cebolla, picada

1 berenjena grande, cortada por la mitad
   a lo largo y en rodajas
60 ml de salsa de soja clara
3 tomates grandes, cortados en trozos pequeños
   sin los corazones
1 manojo pequeño de albahaca tailandesa fresca,
   picada

Lave el tofu, escúrralo y séquelo con papel de cocina y, a continuación, córtelo en trozos pequeños. Caliente un wok hasta que una gota de agua se evapore en uno o dos segundos. Añada el aceite, el jengibre fresco, el ajo y la cebolla, y deje que se doren. Agregue las berenjenas y remueva durante 1 o 2 minutos, hasta que comiencen a dorarse. Incorpore el tofu.

Cocine el tofu y las berenjenas durante 2 o 3 minutos antes de añadir la salsa de soja y los tomates. Remueva durante 1 o 2 minutos más, hasta que los tomates estén calientes y comiencen a ablandarse. Agregue la mitad de la albahaca tailandesa y decore con el resto.

Para 4 personas

tofu con verduras asiáticas y jengibre

véanse variaciones en la página 158

El jengibre es estupendo para potenciar el sabor de ingredientes como el tofu, que son más suaves. Las verduras asiáticas de esta receta pueden sustituirse por otras verduras de hoja. Puede reservar los tallos verdes de las cebolletas y picarlos finamente en diagonal para decorar el plato. Sirva con arroz.

1 paquete (300 g) de tofu extrafirme
2 cucharadas de aceite de cacahuete
   o aceite vegetal
40 g de jengibre fresco, finamente picado
2 dientes de ajo, finamente picados
4 cebolletas, cortadas en trozos pequeños

2 cucharaditas de azúcar de palma de coco
   o azúcar moreno
60 ml de salsa de soja clara
4 *bok choy* baby, cortados en cuartos
   a lo largo
¼ de repollo chino pequeño, cortado en juliana

Lave el tofu, escúrralo y séquelo con papel de cocina y, a continuación, córtelo en trozos pequeños. Caliente un wok hasta que una gota de agua se evapore en uno o dos segundos. Añada el aceite, el jengibre fresco, el ajo y las cebolletas, y deje que se doren. Agregue el tofu y remueva durante 1 o 2 minutos. Incorpore el azúcar y la salsa de soja y cocine todo durante otros 2 o 3 minutos.

Añada el *bok choy* y el repollo chino y saltéelos durante 1 o 2 minutos, hasta que se impregnen con la salsa y comiencen a ablandarse. Sirva inmediatamente.

Para 4 personas

verduras con sésamo

véanse variaciones en la página 159

El aceite de sésamo aporta un delicioso sabor a frutos secos. Debido a que se quema muy rápido, solo debe utilizarse para sazonar, nunca para cocinar. Sirva este plato con arroz.

3 cucharadas de aceite de cacahuete
   o aceite vegetal
3 cucharadas de semillas de sésamo, separadas
2 dientes de ajo, finamente picados
1 brócoli, cortado en trozos pequeños
1 calabacín mediano, cortado por la mitad
   a lo largo y en rodajas finas

450 g de judías verdes, limpias
225 g de hojas de *tatsoi* (*véase* glosario,
   página 280)
2 cucharadas de salsa de soja oscura
3 cucharadas de salsa de soja clara
1 cucharada de aceite de sésamo

Caliente un wok hasta que una gota de agua se evapore en uno o dos segundos. Añada el aceite, las 2 cucharadas de semillas de sésamo y el ajo, y deje que se doren. Agregue el brócoli y las judías verdes y cocínelos 2 o 3 minutos más. A continuación, incorpore el calabacín.

Remueva durante 1 o 2 minutos, añada el *tatsoi*, ambas salsas de soja y el aceite de sésamo. Mezcle todos los ingredientes con la salsa para que se impregnen bien. Cuando las verduras estén tiernas pero crujientes y el *tatsoi* esté blando, vierta la otra cucharada de semillas de sésamo y sirva.

Para 4 personas

tempeh con verduras

véanse variaciones en la página 160

El *tempeh* es un alimento tradicional de Indonesia. Está elaborado con soja fermentada y puede encontrarse en grandes superficies y tiendas especializadas. Si no lo halla puede sustituirlo por la misma cantidad de tofu extrafirme. Sirva este plato con arroz.

2 cucharadas de aceite de cacahuete o aceite
   vegetal
1 tallo de citronela, sin las hojas exteriores
   ni la raíz y con la parte blanca finamente picada
2 dientes de ajo, finamente picados
1 paquete de *tempeh*, cortado en trozos pequeños
1 brócoli, cortado en trozos pequeños

450 g de judías verdes, limpias
1 calabacín mediano, cortado por la mitad
   a lo largo y en rodajas finas
90 ml de salsa de chile dulce
2 cucharadas de salsa de soja clara
1 manojo pequeño de cilantro fresco,
   picado en trozos grandes

Caliente un wok hasta que una gota de agua se evapore en uno o dos segundos. Añada el aceite, la citronela y el ajo, y deje que se doren. Agregue el *tempeh* y remueva durante 1 o 2 minutos, hasta que se dore.

Incorpore el brócoli y las judías verdes, y cocínelos 2 o 3 minutos más. A continuación, añada el calabacín. Remueva durante 1 o 2 minutos, vierta la salsa de chile dulce y la salsa de soja. Mezcle todos los ingredientes con la salsa para que se impregnen bien. Cuando las verduras estén tiernas pero crujientes, añada la mitad del cilantro y decore con el resto.

Para 4 personas

verduras en salsa de chile dulce

véanse variaciones en la página 161

La salsa de chile dulce presenta un sabor dulce, salado y agrio equilibrado, combinado con un poco de picante. Normalmente es bastante suave, perfecta para introducirse en el mundo del picante. Las castañas de agua aportan al plato un sabor a frutos secos y una textura crujiente. Sirva este plato con fideos.

2 cucharadas de aceite de cacahuete
o aceite vegetal
1 guindilla roja larga, sin semillas
y finamente picada
2 dientes de ajo, finamente picados
1 cebolla mediana, picada
225 g de champiñones pequeños, laminados

1 pimiento rojo grande, cortado en trozos pequeños
1 manojo de *bimi*, cortado en trozos pequeños
125 g de espinacas baby
1 lata (225 g) de castañas de agua, escurridas
125 ml de salsa de chile dulce
1 cucharada de salsa de soja clara
1 manojo pequeño de perejil, picado

Caliente un wok hasta que una gota de agua se evapore en uno o dos segundos. Añada el aceite, la guindilla, el ajo y la cebolla, y deje que se doren. Agregue los champiñones y el pimiento y remueva durante 2 o 3 minutos, hasta que comiencen a ablandarse.

Incorpore el *bimi* y remueva durante 1 o 2 minutos. A continuación, añada las espinacas baby, las castañas de agua, la salsa de chile dulce y la salsa de soja, y remueva bien para que se impregnen todos los ingredientes con la salsa. Cuando las verduras estén tiernas pero crujientes y las espinacas estén blandas, agregue la mitad del perejil y decore con el resto antes de servir.

Para 4 personas

revuelto de setas

véanse variaciones en la página 162

Las tiendas especializadas en productos asiáticos normalmente disponen de una amplia gama de setas frescas, en conserva y secas, pero si no encuentra una variedad concreta siempre la puede sustituir por una cantidad similar de otra. Cuando se utilizan setas secas es necesario rehidratarlas en agua caliente antes de medir la cantidad necesaria para la receta. Sirva este plato con arroz.

3 cucharadas de aceite de cacahuete
o aceite vegetal
2 dientes de ajo, finamente picados
4 cebolletas, cortados en trozos pequeños
150 g de champiñones pequeños, laminados

150 g de setas de cardo, cortadas por la mitad
150 g de setas *shiitake* frescas, laminadas
1 lata (425 g) de setas de la paja, escurridas
60 ml de salsa de ostras
2 cucharadas de salsa de soja clara

Caliente un wok hasta que una gota de agua se evapore en uno o dos segundos. Añada el aceite, el ajo y las cebolletas, y deje que se doren. Agregue las setas *shiitake*, los champiñones y las setas de cardo y remueva durante 2 o 3 minutos, hasta que comiencen a ablandarse y a tomar color.

Incorpore las setas de la paja, la salsa de ostras y la salsa de soja, y cocínelas durante unos minutos, hasta que las setas estén calientes y todo se haya impregnado de la salsa. Sirva inmediatamente.

Para 4 personas

verduras asiáticas en salsa de ostras

véanse variaciones en la página 163

Muchas tiendas y supermercados ofrecen una buena selección de verduras de hoja asiáticas, y estas pueden sustituirse. Añada primero las que tengan los tallos más gruesos y corte por la mitad los de mayor tamaño, ya que tardarán más en cocinarse. Reserve los más finos y pequeños para el final, puesto que solo tendrán que calentarse. Sirva este plato con arroz.

2 cucharadas de aceite de cacahuete
   o aceite vegetal
15 g de jengibre fresco, finamente picado
1 manojo de brócoli chino, cortado en trozos
   de 7,5 cm

6 *bok choy* baby, cortados en cuartos
   a lo largo
¼ de repollo chino baby, cortado
   en trozos pequeños
125 ml de salsa de ostras

Caliente un wok hasta que una gota de agua se evapore en uno o dos segundos. Añada el aceite y el jengibre, y deje que se dore. Agregue el brócoli y remueva durante 1 o 2 minutos y, a continuación, incorpore el *bok choy*. Cocínelos durante 1 o 2 minutos y añada el repollo chino y la salsa de ostras. Remueva durante 1 o 2 minutos más, hasta que las verduras se impregnen de la salsa y comiencen a ablandarse. Sirva inmediatamente.

Para 4 personas

apio con cebolla roja, pimienta negra y lima

véanse variaciones en la página 164

El apio poco cocinado constituye un acompañamiento delicioso y repleto de textura para cualquier carne, pero también puede servirse solo con arroz.

la ralladura y el zumo de 1 lima
60 ml de salsa de soja clara
1 cucharada de azúcar de palma de coco
    o azúcar moreno
2 cucharadas de aceite de cacahuete
    o aceite vegetal
2 dientes de ajo, finamente picados
1 cucharadita de pimienta negra recién molida

2 cebollas rojas grandes, cortadas por la mitad
    y en rodajas
½ apio grande, cortado en trozos
1 cucharadita de harina de maíz
60 ml de agua fría
1 manojo pequeño de menta vietnamita fresca,
    picada (*véase* glosario, página 280)

Mezcle en un recipiente la ralladura y el zumo de lima, la salsa de soja clara y el azúcar, y remueva hasta que se disuelva el azúcar. Reserve.

Caliente un wok hasta que una gota de agua se evapore en uno o dos segundos. Añada el aceite, el ajo, la pimienta negra y la cebolla roja, y deje que se doren. Agregue el apio y remueva durante 1 o 2 minutos. Incorpore la mezcla de soja y lima y cocine todo hasta que el apio esté en su punto.

Mezcle la harina de maíz con el agua, vierta la preparación y comience a remover de inmediato para evitar que se formen grumos. Siga cocinando alrededor de 1 o 2 minutos, hasta que la salsa espese. Añada la mitad de la menta vietnamita y decore con el resto antes de servir.

Para 4 personas

lechuga condimentada

véanse variaciones en la página 165

Por extraño que pueda resultar, la lechuga iceberg es un ingrediente fantástico para el wok,
ya que se cocina rapidísimo y absorbe muy bien los sabores. Deberá cocinarla hasta que los bordes
se ablanden, pero la lechuga conserve un toque crujiente. Pruebe este plato como acompañamiento
para carnes y arroces.

1 cucharada de salsa de soja clara
1 cucharada de salsa *kecap manis*
2 cucharaditas de aceite de sésamo
2 cucharaditas de vino de arroz
1 cucharadita de azúcar de palma de coco
   o azúcar moreno

1 lechuga iceberg grande
2 cucharadas de aceite de cacahuete
   o aceite vegetal
15 g de jengibre fresco, finamente picado
2 dientes de ajo, finamente picados
4 cebolletas, cortadas en trozos pequeños

Mezcle en un recipiente pequeño la salsa de soja, la salsa *kecap manis*, el aceite de sésamo,
el vino de arroz y el azúcar, y remueva hasta que el azúcar se disuelva. Reserve. Retire las hojas
exteriores y el corazón de la lechuga iceberg y deséchelos. Parta las hojas en trozos grandes,
de alrededor de 7,5 cm.

Caliente un wok hasta que una gota de agua se evapore en uno o dos segundos. Añada el aceite
de cacahuete o aceite vegetal, el jengibre, el ajo y las cebolletas, y deje que se doren.

Agregue la lechuga iceberg y remueva durante 1 minuto, hasta que comience a ablandarse. Incorpore
la mezcla de salsa de soja. Cocine todo durante otro minuto, hasta que la lechuga se impregne
de salsa y se ablande un poco más. Sirva inmediatamente.

Para 4 personas

tofu con pasta de guindilla verde

véanse variaciones en la página 166

Las pastas son un ingrediente común de la cocina asiática. Aportan mucho sabor y existen muchas variedades diferentes, como las pastas de curri, de gambas, de tamarindo o de guindilla. Algunas de ellas son fáciles de elaborar, pero pueden adquirirse pastas preparadas de buena calidad para ahorrar tiempo. Sirva este plato con arroz.

3 guindillas verdes largas, sin semillas,
    cortados por la mitad y picadas
25 g de jengibre fresco, picado
1 diente de ajo, picado
½ cucharadita de sal
½ cucharadita de pimienta
1 cucharada de aceite de sésamo
1 cucharada de zumo de limón

1 cucharadita de azúcar de palma de coco
    o azúcar moreno
1 paquete (300 g) de tofu extrafirme
2 cucharadas de aceite de cacahuete
    o aceite vegetal
1 cebolla grande, picada
3 cucharadas de salsa de soja clara
8 *bok choy*, cortados en trozos pequeños
2-3 cucharadas de agua

Maje en un mortero las guindillas verdes, el jengibre, el ajo, la sal y la pimienta hasta formar una pasta desigual. Vierta el aceite de sésamo, siga majando hasta obtener una pasta fina y, a continuación, mezcle el zumo de limón y el azúcar. Pase la pasta a un recipiente pequeño y reserve. Lave el tofu, escúrralo y séquelo con papel de cocina y después córtelo en trozos pequeños.

Caliente un wok hasta que una gota de agua se evapore en uno o dos segundos. Añada el aceite de cacahuete o aceite vegetal y la cebolla, y deje que se dore. Agregue el tofu y remueva durante 1 o 2 minutos. Incorpore la pasta de guindilla y cocine todo hasta que el tofu se haya impregnado y la pasta comience a tomar color. Añada la salsa de soja y el *bok choy* y cocínelo durante 1 o 2 minutos; vierta un poco de agua en caso necesario, hasta que comience a ablandarse. Sirva inmediatamente.

Para 4 personas

tofu con ajo y pimienta

véanse variaciones en la página 167

El tofu es estupendo para aportar proteínas a los platos vegetarianos. Esta receta queda mejor con tofu extrafirme, pero pueden usarse todos los tipos excepto el suave, teniendo cuidado de que no se rompan al cocinarlos. Sirva acompañado de arroz.

1 paquete (300 g) de tofu extrafirme
3 cucharadas de aceite de cacahuete o aceite vegetal
4 dientes de ajo, finamente picados
1 cebolla, cortada por la mitad y en rodajas
1 pimiento rojo grande, cortado en rodajas

1 pimiento verde grande, cortado en rodajas
2 cucharadas de salsa de soja clara
1 cucharada de salsa de soja oscura
1 cucharadita de pimienta negra recién molida
2-3 cucharadas de agua

Lave el tofu, escúrralo y séquelo con papel de cocina y, a continuación, córtelo en trozos pequeños.

Caliente un wok hasta que una gota de agua se evapore en uno o dos segundos. Añada el aceite, el ajo y la cebolla, y deje que se doren. Agregue los pimientos y remueva durante 1 o 2 minutos, hasta que comiencen a ablandarse; a continuación, incorore el tofu y cocínelo durante 2 o 3 minutos más.

Añada las salsas de soja y la pimienta negra y cocine todo durante 1 o 2 minutos; vierta un poco de agua en caso necesario, hasta que el tofu esté caliente y los pimientos estén tiernos pero crujientes.

Para 4 personas

calabaza con cacahuetes

véanse variaciones en la página 168

La calabaza cacahuete es perfecta para el wok porque se carameliza y aporta un sabor dulce al plato; no obstante, en esta receta puede utilizarse cualquier clase de calabaza. Sirva este plato con arroz.

100 g de mantequilla de cacahuete
150 ml de agua
1 cucharada de salsa de soja oscura
1 cucharada de salsa de chile dulce
1 cucharada de aceite de sésamo
1 cucharadita de salsa picante
1 calabaza cacahuete mediana
2 cucharadas de aceite de cacahuete o aceite vegetal

25 g de jengibre fresco, finamente picado
2 dientes de ajo, finamente picados
1 cebolla roja mediana, cortada en rodajas
2-3 cucharadas de agua, en caso necesario
75 g de cacahuetes tostados, picados
1 manojo pequeño de cilantro fresco, picado en trozos grandes

Bata la mantequilla de cacahuete, el agua, la salsa de soja oscura, la salsa de chile dulce, el aceite de sésamo y la salsa picante en un recipiente pequeño. Reserve. Corte la calabaza por la mitad a lo largo, pélala, retire las semillas y córtela en rodajas de 1,25 cm.

Caliente un wok hasta que una gota de agua se evapore en uno o dos segundos. Añada el aceite de cacahuete o aceite vegetal, el jengibre, el ajo y la cebolla roja, y deje que se doren. Agregue la calabaza y remueva durante 5 o 6 minutos, hasta que comience a ablandarse. Incorpore la mezcla de mantequilla de cacahuete y remueva durante 4 o 5 minutos, hasta que la calabaza esté tierna. Baje el fuego y vierta un poco de agua en caso necesario. Añada los cacahuetes y la mitad del cilantro y decore con el resto antes de servir.

Para 4 personas

verduras con anacardos

véanse variaciones en la página 169

Los frutos secos quedan muy bien en los platos con wok, ya que aportan textura y sabor. Los anacardos y los cacahuetes son los más comunes, pero también pueden utilizarse almendras, nueces o incluso semillas de calabaza.

2 cucharadas de aceite de cacahuete
o aceite vegetal
1 guindilla verde larga, sin semillas
y finamente picada
2 dientes de ajo, finamente picados
1 cebolla mediana, picada
225 g de champiñones pequeños, laminados
1 pimiento rojo grande, cortado en trozos pequeños

1 brócoli, cortado en trozos pequeños
4 *bok choy* baby, cortados en cuartos
1 lata (225 g) de maíz baby, escurrido
y cortado en trozos
3 cucharadas de salsa de soja clara
2 cucharaditas de harina de maíz
125 ml de agua fría
100 g de anacardos tostados, picados

Caliente un wok hasta que una gota de agua se evapore en uno o dos segundos. Añada el aceite, la guindilla, el ajo y la cebolla, y deje que se doren. Agregue los champiñones y el pimiento, y remueva durante 2 o 3 minutos.

Incorpore el brócoli y remueva durante 1 o 2 minutos más. Añada el *bok choy*, el maíz y la salsa de soja, y cocínelos hasta que el *bok choy* comience a ablandarse. Mezcle la harina de maíz con el agua, vierta la preparación y comience a remover de inmediato para evitar que se formen grumos. Continúe cocinando hasta que la salsa espese, lo que llevará 1 o 2 minutos. Mezcle la mitad de los anacardos tostados y decore con el resto antes de servir.

Para 4 personas

tofu marinado

véanse variaciones en la página 170

El sabor del tofu es bastante suave, pero absorbe el resto de los aromas como una esponja y resulta perfecto para una cocina tan condimentada como la asiática. En tan solo 5 minutos el tofu se impregnará de los sabores de cualquier marinada.

2 dientes de ajo, finamente picados
60 ml de salsa de soja clara
1 cucharadita de azúcar de palma de coco
   o azúcar moreno
2 cucharaditas de vino de arroz

450 g de tofu extrafirme
2 cucharadas de aceite de cacahuete o aceite vegetal
1 cebolla roja grande, pelada y picada
225 g de hojas de *tatsoi* (*véase* glosario,
   página 280)

Mezcle en un recipiente el ajo, la salsa de soja, el azúcar y el vino de arroz. Lave el tofu, escúrralo y séquelo con papel de cocina y, a continuación, córtelo en trozos pequeños. Añádalo a la preparación anterior y remueva hasta que se impregne. Deje reposar durante 5 minutos.

Caliente un wok hasta que una gota de agua se evapore en uno o dos segundos. Agregue el aceite y la cebolla, y deje que se dore. Incorpore el tofu y la marinada y remueva durante 3 o 4 minutos. Añada el *tatsoi* y remueva hasta que se ablande. Sirva inmediatamente.

Para 4 personas

daikon con jengibre en salsa de soja

véanse variaciones en la página 171

El *daikon* es un tipo de nabo de color blanco y sabor suave cuyo tamaño varía entre unos 7 y unos 30 cm. Puede encontrarse en tiendas especializadas en productos asiáticos, pero también puede sustituirse por nabos normales o chirivías. Sirva este plato con fideos o arroz.

3 cucharadas de aceite de cacahuete o aceite vegetal	350 g de *daikon*, cortado en rodajas finas
50 g de jengibre fresco, finamente picado	1 pimiento rojo grande, cortado en rodajas
2 dientes de ajo, finamente picados	4 *bok choy* baby, cortados en cuartos
1 cebolla, cortada en rodajas	2 cucharadas de salsa de soja clara
	2 cucharadas de salsa de soja oscura

Caliente un wok hasta que una gota de agua se evapore en uno o dos segundos. Añada el aceite, el jengibre, el ajo y la cebolla, y deje que se doren. Agregue el *daikon* y remueva durante 1 o 2 minutos y, a continuación, incorpore el pimiento rojo. Cocine todo durante 2 o 3 minutos y añada el *bok choy* y las salsas de soja. Remueva hasta que las verduras estén tiernas pero crujientes e impregnadas de salsa. Sirva inmediatamente.

Para 4 personas

verduras en salsa *hoisin*

véanse variaciones en la página 172

La salsa *hoisin* es originaria de China y se utiliza para marinar carne o para acompañar. Se trata de una salsa intensa, oscura, espesa, dulce y salada. Sirva este plato con fideos.

2 cucharadas de aceite de cacahuete
    o aceite vegetal
15 g de jengibre fresco, finamente picado
2 dientes de ajo, finamente picados
1 cebolla roja mediana, picada
2 zanahorias, cortadas en rodajas finas
1 pimiento rojo, cortado en trozos pequeños

1 manojo de brócoli chino, cortado en trozos
    pequeños
1 lata (225 g) de maíz baby, escurrido y cortado
    en trozos pequeños
1 lata (225 g) de castañas de agua, escurridas
125 ml de salsa *hoisin*
1 manojo pequeño de cilantro fresco, picado

Caliente un wok hasta que una gota de agua se evapore en uno o dos segundos. Añada el aceite, el jengibre, el ajo y la cebolla, y deje que se doren. Agregue las zanahorias y el pimiento rojo y remueva durante 2 o 3 minutos.

Incorpore el brócoli chino y remueva durante 1 o 2 minutos más. Añada el maíz baby, las castañas de agua y la salsa *hoisin*, y remueva para que todos los ingredientes se impregnen de salsa. Cuando las verduras estén tiernas pero crujientes, agregue la mitad del cilantro y decore con el resto para servir el plato.

Para 4 personas

raíz de loto con jengibre y cebolletas

véanse variaciones en la página 173

En la mayoría de tiendas especializadas en productos asiáticos puede encontrarse raíz de loto fresca. Cuando está reciente es de color beis y con el tiempo se va oscureciendo. Una vez cortada, conviene introducirla en un recipiente con agua y vinagre para evitar que se decolore. Puede utilizar raíz de loto congelada o en conserva si no la encuentra fresca. Sirva este plato con arroz y verduras al vapor.

un chorro de vinagre
3-4 raíces de loto
2 cucharadas de aceite de cacahuete
    o aceite vegetal
2 dientes de ajo, finamente picados

1 manojo de cebolletas pequeñas,
    cortadas en trozos pequeños
60 ml de salsa de soja clara
½ cucharadita de pimienta negra
    recién molida

Llene un recipiente grande con agua fría y vierta un chorro generoso de vinagre. Pele las raíces de loto y córtelas en rodajas finas, e introdúzcalas inmediatamente en el recipiente con agua y vinagre. Cuando vaya a cocinarlas deberá escurrirlas y secarlas con papel de cocina.

Caliente un wok hasta que una gota de agua se evapore en uno o dos segundos. Añada el aceite, el ajo y las cebolletas, y deje que se doren. Agregue la raíz de loto y cocínela durante 3 o 4 minutos, removiendo de vez en cuando, hasta que comience a cambiar de color y a volverse transparente. Incorpore la salsa de soja y la pimienta, y cocine todo durante 1 o 2 minutos más, hasta que la raíz de loto comience a caramelizarse. Sirva inmediatamente.

Para 4 personas

brócoli con alubias negras

véase receta base en la página 123

pimientos con alubias negras
Omita el brócoli y sustitúyalo por 2 pimientos rojos y 2 verdes cortados en rodajas. Elabore
la receta siguiendo las instrucciones.

brócoli con tofu y alubias negras
Reduzca la cantidad de brócoli a la mitad. Añada al wok 300 g de tofu extrafirme cortado en trozos
pequeños después de incorporar el ajo y la cebolla, y cocine todo durante 2 o 3 minutos. Agregue
el brócoli y elabore la receta siguiendo las instrucciones.

verduras en salsa de alubias negras
Reduzca la cantidad de brócoli a una cuarta parte. Después de cocinar el ajo y la cebolla, añada
al wok 1 zanahoria pelada y cortada en rodajas. Saltéela durante 30 segundos y agregue 1 pimiento
verde grande sin semillas y cortado en rodajas. Cocínelo durante 1 o 2 minutos e incorpore el brócoli.
Siga el resto de la receta y añada 2 tazas de espinacas baby a la mezcla con la mitad del cilantro.

brócoli con fideos en salsa de alubias negras
Prepare 300 g de fideos al huevo siguiendo las instrucciones del paquete y añádalos al wok después
de la harina de maíz y el agua, dejando que se calienten antes de servir. No es necesario servir esta
variación con arroz.

variaciones

berenjenas picantes

véase receta base en la página 124

champiñones picantes

Sustituya la berenjena por 450 g de champiñones Portobello laminados.

berenjenas con pasta de guindilla

Omita la guindilla fresca y la pasta de *miso*. Añada al wok 2 cucharadas de pasta de guindilla, como *sambal oelek* o algo más suave, inmediatamente después de la berenjena. Elabore la receta siguiendo las instrucciones.

berenjenas picantes con albahaca

Añada un manojo pequeño de albahaca fresca picada a las berenjenas justo antes de servir.

berenjenas picantes con cacahuetes

Agregue 75 g de cacahuetes tostados picados a las berenjenas justo antes de servir.

variaciones

berenjenas con tofu y tomate

véase receta base en la página 126

calabaza cacahuete con tofu y tomate
Sustituya la berenjena por ½ calabaza cacahuete pelada, sin semillas y cortada
en rodajas finas.

berenjenas con brócoli y tomate
Sustituya el tofu por 1 brócoli grande cortado en trozos pequeños.

bok choy con tofu y tomate
Omita la berenjena. Añada el tofu después del jengibre, el ajo y la cebolla. Agregue 6 *bok choy*
pequeños cortados en cuartos con los tomates.

berenjenas con tofu y calabacín
Sustituya los tomates por 2 calabacines medianos cortados en rodajas. Vierta un poco
de caldo de verduras o de agua si considera que el wok está un poco seco.

variaciones

tofu con verduras asiáticas y jengibre

véase receta base en la página 128

tofu con jengibre picante
Añada al wok 1 cucharada de *sambal oelek* con el jengibre, el ajo y las cebolletas.

tofu con ajo y guindilla
Omita el jengibre y aumente la cantidad de ajo a 4 dientes. Añada al wok 2 guindillas rojas largas finamente picadas con el ajo y las cebolletas.

tempeh con jengibre
Sustituya el tofu por la misma cantidad de *tempeh* cortado en trozos pequeños.

tofu con champiñones y jengibre
Omita el *bok choy* y el repollo. Añada al wok 450 g de champiñones pequeños cortados en rodajas después del tofu y cocínelos hasta que se ablanden antes de añadir el azúcar y la salsa de soja.

verduras con sésamo

véase receta base en la página 129

verduras arco iris con sésamo
Prepare la receta base, pero sustituya el brócoli por 1 cebolla grande cortada en rodajas,
las judías verdes por 2 zanahorias medianas cortadas en rodajas y el calabacín por 1 pimiento rojo
cortado en rodajas.

verduras de hoja verde con guindilla
Prepare la receta base, pero omita el aceite y las semillas de sésamo. Añada 2 guindillas rojas grandes,
sin semillas y finamente picadas, con el ajo.

verduras de hoja verde con sésamo y jengibre
Añada 40 g de jengibre fresco, pelado y finamente picado, con las semillas de sésamo y el ajo,
y elabore la receta siguiendo las instrucciones.

verduras de hoja verde con anacardos
Prepare la receta base, pero omita el aceite y las semillas de sésamo. Añada 100 g de anacardos
con el ajo. Decore el plato con 65 g de anacardos tostados y picados.

variaciones

tempeh con verduras

véase receta base en la página 130

tempeh picante con verduras

Prepare la receta base, pero sustituya la salsa de chile dulce por salsa picante.

tempeh con pimientos rojos

Prepare la receta base, pero sustituya las judías verdes por 2 pimientos rojos grandes cortados en rodajas.

tempeh con verduras y sésamo

Prepare la receta base, pero añada 1 cucharada de aceite de sésamo y 2 cucharadas de semillas de sésamo con la salsa de chile dulce y la salsa de soja. Decore con semillas de sésamo adicionales.

tofu con verduras

Sustituya el *tempeh* por 300 g de tofu extrafirme cortado en trozos pequeños. Elabore la receta siguiendo las instrucciones.

verduras en salsa de chile dulce

véase receta base en la página 132

verduras asiáticas en salsa de chile dulce
Prepare la receta base, pero omita los champiñones y el pimiento rojo. Añada el *bimi* después
de la cebolla, con 1 manojo de *choy sum* cortado en trozos grandes. Cocine todo durante
1 o 2 minutos y añada ¼ de repollo chino pequeño, picado, junto con las espinacas baby,
las castañas de agua y las salsas. Elabore la receta siguiendo las instrucciones.

verduras picantes
Prepare la receta base, pero omita la salsa de chile dulce. Utilice 2 guindillas rojas largas, sin semillas
y finamente picadas, y añada de 60 a 125 ml de salsa picante, al gusto, con la salsa de soja.

verduras con albahaca en salsa de chile dulce
Prepare la receta base, pero sustituya el perejil por un manojo pequeño de albahaca
fresca picada.

verduras con cilantro en salsa de chile dulce
Prepare la receta base, pero sustituya el perejil por un manojo pequeño de cilantro
fresco picado.

revuelto de setas

véase receta base en la página 134

revuelto de setas picante

Prepare la receta base, pero añada 2 cucharadas de pasta de guindilla con la salsa de ostras
y la salsa de soja.

setas al curri verde

Prepare la receta base, pero omita la salsa de ostras y la salsa de soja. Añada 1 o 2 cucharadas
de pasta de curri verde con el ajo y las cebolletas y 125 ml de leche de coco con las setas de la paja.

setas con repollo chino

Añada ¼ de repollo chino pequeño, cortado en juliana, con las setas de la paja y las salsas. Elabore
la receta siguiendo las instrucciones.

setas con tirabeques

Añada 225 g de tirabeques limpios con las setas de la paja y las salsas. Elabore la receta siguiendo
las instrucciones.

verduras asiáticas en salsa de ostras

véase receta base en la página 135

verduras asiáticas en salsa picante
Prepare la receta base, pero sustituya la salsa de ostras por 60 ml de salsa picante
y 2 cucharadas de salsa de soja.

verduras asiáticas con albahaca y guindilla
Prepare la receta base, pero omita la salsa de ostras. Añada 2 guindillas rojas sin semillas
y finamente picadas con el jengibre. Agregue 60 ml de salsa de soja y 1 manojo pequeño
de albahaca fresca cortada en trozos grandes con el repollo chino.

brócoli con calabacín en salsa de ostras
Omita el brócoli chino, el *bok choy* y el repollo chino. Añada 1 brócoli grande cortado en trozos
pequeños después del jengibre. Cocine el brócoli durante unos minutos, agregue 2 calabacines
medianos cortados en rodajas con la salsa de ostras y remueva hasta que se ablanden.

verduras asiáticas con sésamo y jengibre
Prepare la receta base, pero aumente la cantidad de jengibre a 40 g. Sustituya la salsa de ostras
por 1 cucharada de aceite de sésamo, 60 ml de salsa de soja y 2 cucharadas de semillas de sésamo.
Decore con semillas de sésamo.

variaciones

apio con cebolla roja, pimienta negra y lima

véase receta base en la página 136

brócoli chino con cebolla roja, pimienta negra y lima

Sustituya el apio por 700 g de brócoli chino cortado en trozos pequeños. Elabore
la receta siguiendo las instrucciones.

apio con cebolla roja, guindilla y lima

Prepare la receta base, pero omita la pimienta negra. Añada 2 guindillas rojas
finamente picadas con el ajo y la cebolla.

apio con cebolla roja, pimienta de Sichuán y lima

Prepare la receta base, pero omita la pimienta negra. Añada 2 cucharaditas de pimienta
de Sichuán con el ajo y la cebolla roja.

apio con cebolletas, pimienta negra y lima

Prepare la receta base, pero sustituya la cebolla roja por 1 manojo de cebolletas pequeñas
cortadas en trozos pequeños.

variaciones

lechuga condimentada

véase receta base en la página 138

repollo condimentado

Prepare la receta base, pero sustituya la lechuga iceberg por 1 repollo chino mediano
cortado en trozos.

lechuga picante

Añada 1 o 2 cucharadas de pasta de guindilla a la mezcla de salsa de soja. Elabore la receta
siguiendo las instrucciones.

lechuga con jengibre

Prepare la receta base, pero aumente la cantidad de jengibre a 40 g. Decore el plato con
2 cucharadas de jengibre encurtido, en caso de que disponga de él.

lechuga con cilantro

Prepare 1 manojo de cilantro fresco picando los tallos en trozos más pequeños que las hojas.
Añada los tallos con el jengibre, el ajo y las cebolletas. Agregue las hojas con la lechuga. Elabore
la receta siguiendo las instrucciones.

variaciones

tofu con pasta de guindilla verde

véase receta base en la página 140

tofu con pasta de guindilla roja
Sustituya las guindillas verdes de la pasta de guindilla por 3 guindillas rojas largas. También puede sustituir los ingredientes de la pasta por 2 o 3 cucharaditas (o más si lo prefiere) de pasta de guindilla ya preparada.

tofu con tamarindo
Prepare la receta base, pero reduzca la cantidad de guindillas verdes a 1 y añada 1 cucharada de pasta de tamarindo a la mezcla con el aceite de sésamo. Cocine todo como antes y agregue 60 ml de leche de coco con la salsa de soja.

tofu con alubias negras
Prepare la receta base, pero sustituya las guindillas verdes de la pasta por 1 cucharada de alubias negras fermentadas y la salsa de soja por 2 cucharaditas de harina de maíz disueltas en 125 ml de agua fría.

***tempeh* con pasta de guindilla verde**
Prepare la receta base, pero sustituya el tofu por 300 g de *tempeh* cortado en trozos pequeños.

variaciones

tofu con ajo y pimienta

véase receta base en la página 142

berenjenas con ajo y pimienta
Prepare la receta base, pero sustituya el tofu por 1 berenjena grande cortada por la mitad
y en rodajas.

tofu con albahaca y guindilla
Reduzca la cantidad de ajo a la mitad y omita la pimienta negra. Añada 2 guindillas rojas
finamente picadas con el ajo y la cebolla y 1 manojo pequeño de albahaca fresca picada
justo antes de servir.

tofu con ajo y guindilla
Prepare la receta base, pero omita la pimienta negra. Añada al wok 2 guindillas rojas sin semillas
y finamente picadas con el ajo y la cebolla.

tofu a la pimienta de Sichuán
Prepare la receta base, pero omita la pimienta negra y reduzca la cantidad de ajo a la mitad.
Añada al wok 2 cucharaditas de pimienta de Sichuán con el ajo y la cebolla.

variaciones

calabaza con cacahuetes

véase receta base en la página 144

calabacín con cacahuetes
Prepare la receta base, pero sustituya la calabaza cacahuete por 2 calabacines grandes cortados en rodajas.

calabaza con anacardos
Prepare la receta base, pero sustituya la mantequilla de cacahuete por 60 ml de salsa de soja clara y 2 cucharaditas de harina de maíz, y los cacahuetes tostados por 65 g de anacardos tostados picados.

calabaza con *bok choy* y cacahuetes
Añada al wok 4 *bok choy* pequeños picados justo antes de terminar de cocinar el plato, deje que se ablanden pero que sigan estando crujientes y, a continuación, agregue los cacahuetes y el cilantro.

calabaza con ajo y albahaca
Prepare la receta base, pero omita la mantequilla de cacahuete, los cacahuetes tostados y el cilantro. Añada 60 ml de salsa de soja clara y 2 cucharaditas de harina de maíz a la mezcla de la salsa, aumente la cantidad de ajo a 4 dientes y sustituya el cilantro por 1 manojo pequeño de albahaca fresca picada.

verduras con anacardos

véase receta base en la página 146

verduras con cacahuetes
Prepare la receta base, pero sustituya los anacardos por 100 g de cacahuetes
tostados picados.

verduras con lima y anacardos
Mezcle en un recipiente la ralladura y el zumo de 1 lima con 2 cucharadas de azúcar y añada
la preparación con la salsa de soja. Elabore la receta siguiendo las instrucciones.

verduras con ajo y anacardos
Prepare la receta base, pero omita la guindilla verde. Aumente la cantidad de ajo al doble
y decore el plato con 1 manojo pequeño de cebollino chino finamente picado.

verduras picantes con anacardos
Prepare la receta base, pero añada al wok 1 guindilla roja finamente picada con la guindilla
verde y 1 o 2 cucharaditas de *sambal oelek* (*véase* glosario, página 280), al gusto, con la salsa
de soja.

tofu marinado

véase receta base en la página 148

champiñones marinados
Prepare la receta base, pero sustituya el tofu por 450 g de champiñones laminados.

tofu marinado picante
Añada 1 o 2 cucharaditas de *sambal oelek* a la marinada del tofu. Si lo desea, puede decorar el plato con guindillas rojas picadas.

verduras asiáticas con tofu marinado
Prepare la receta base, pero reduzca el *tatsoi* a 125 g y añada al wok 2 *bok choy* pequeños cortados en cuartos y $1/8$ de repollo chino cortado en juliana con el *tatsoi*.

tofu marinado con sésamo
Prepare la receta base, pero añada 1 cucharada de aceite de sésamo a la marinada y 1 cucharada de semillas de sésamo con la cebolla. Decore el plato con más semillas de sésamo.

variaciones

daikon con jengibre en salsa de soja

véase receta base en la página 150

zanahoria con jengibre en salsa de soja
Prepare la receta base, pero sustituya el *daikon* por 3 zanahorias grandes cortadas
en rodajas.

daikon con guindilla en salsa de soja
Reduzca la cantidad de jengibre a 25 g. Añada al wok 2 guindillas rojas finamente picadas
con el ajo y el jengibre. Elabore la receta siguiendo las instrucciones.

daikon con albahaca y guindilla en salsa de soja
Reduzca la cantidad de jengibre a 25 g. Añada al wok 2 guindillas rojas finamente picadas
con el ajo y el jengibre y ½ manojo pequeño de albahaca fresca picada al terminar de cocinar.
Decore con albahaca adicional.

daikon con ajo en salsa de soja
Reduzca la cantidad de jengibre a 15 g y aumente la cantidad de ajo a 4 dientes finamente
picados. Decore con cebollino chino finamente picado.

variaciones

verduras en salsa *hoisin*

véase receta base en la página 152

verduras asiáticas en salsa *hoisin*
Omita la zanahoria, el pimiento rojo y el maíz baby. Añada al wok 1 manojo de *choy sum* picado después de la cebolla y cocínelo hasta que esté tierno. A continuación, agregue el brócoli chino. Saltéelo durante 1 o 2 minutos e incorpore ¼ de repollo chino pequeño picado junto con las castañas de agua y la salsa *hoisin*.

verduras en salsa de ostras
Prepare la receta base, pero sustituya la salsa *hoisin* por 125 ml de salsa de ostras.

verduras con tofu en salsa *hoisin*
Omita el maíz baby y las castañas de agua. Lave 300 g de tofu extrafirme, escúrralo y séquelo con papel de cocina. Córtelo en trozos pequeños. Añádalo al wok después del jengibre, el ajo y la cebolla, y cocínelo durante 2 o 3 minutos. A continuación, agregue la zanahoria y el pimiento.

setas en salsa *hoisin*
Sustituya la zanahoria y el pimiento rojo por 450 g de setas (*shiitake*, setas de cardo, champiñones pequeños y champiñones portobello) y cocínelas hasta que se ablanden y tomen color.

variaciones

raíz de loto con jengibre y cebolletas

véase receta base en la página 154

raíz de loto con jengibre y limón
Mezcle en un recipiente la ralladura y el zumo de 1 limón y 2 cucharaditas de azúcar.
Pele y pique finamente 40 g de jengibre fresco. Añada el jengibre con el ajo y las cebolletas,
y la preparación de limón con la salsa de soja y la pimienta. Elabore la receta siguiendo
las instrucciones.

raíz de loto con sésamo y cebolletas
Añada al wok 2 cucharadas de semillas de sésamo con el ajo y las cebolletas. Vierta 1 cucharada
de aceite de sésamo con la salsa de soja. Decore con semillas de sésamo.

raíz de loto con cebolletas y guindilla
Prepare la receta base, pero añada 2 guindillas rojas finamente picadas con el ajo y las cebolletas.

raíz de loto con cacahuetes, jengibre y guindilla
Pique finamente 40 g de jengibre fresco y 2 guindillas rojas. Pique 100 g de cacahuetes tostados
en trozos más grandes. Añada el jengibre y la guindilla con el ajo y las cebolletas. Agregue los cacahuetes
al plato justo antes de servirlo.

pescado
y marisco

El pescado y el marisco siempre han formado
una parte importante de la cultura asiática, y son
numerosas las especies utilizadas tanto en platos
tradicionales como en los más especiales. Debido
a que se cocinan rápidamente, el pescado
y el marisco son perfectos para el wok. Además,
absorben muy bien los sabores y constituyen el
principal ingrediente de muchas salsas asiáticas.

salmón con citronela

véanse variaciones en la página 208

El salmón queda muy bien en el wok. Tiene un sabor lo bastante fuerte como para no perderse entre otros sabores intensos y su carne es firme y no se deshace con facilidad. Retire bien todas las espinas, incluidas las más pequeñas: las notará al pasar el dedo por encima del pescado y podrá quitarlas con unas pinzas. Sirva este plato con arroz.

60 ml de salsa de soja clara
1 cucharada de aceite de sésamo
1 cucharada de zumo de limón
2 cucharaditas de azúcar de palma de coco
  o azúcar moreno
1 tallo de citronela, sin las hojas exteriores
  ni la raíz y con la parte blanca finamente picada
2 dientes de ajo, finamente picados

15 g de jengibre fresco, finamente picado
450 g de salmón sin piel, sin espinas y cortado
  en trozos pequeños
2 cucharadas de aceite de cacahuete
  o aceite vegetal
4 cebolletas, cortadas en trozos pequeños
¼ de repollo chino pequeño, cortado
  en trozos pequeños

Mezcle en un recipiente la salsa de soja, el aceite de sésamo, el zumo de limón, el azúcar, la citronela, el ajo y el jengibre. Añada los trozos de salmón y remueva bien, hasta que se impregnen con la preparación. Deje marinar durante 10 minutos.

Caliente un wok hasta que una gota de agua se evapore en uno o dos segundos. Agregue el aceite de cacahuete o aceite vegetal y las cebolletas y deje que se doren. Incorpore el salmón y reserve la marinada. Cocine el salmón durante 2 o 3 minutos, hasta que esté en su punto. Añada el repollo chino y la marinada que ha reservado, y remueva hasta que se ablande pero siga estando crujiente. Sirva inmediatamente.

Para 4 personas

calamares con *bok choy* y setas *shiitake*

véanse variaciones en la página 209

Los calamares pueden comprarse limpios o enteros. Si los adquiere enteros, deberá retirar los tentáculos, la cabeza, las aletas y las vísceras. También tendrá que retirar la piel introduciendo los dedos por debajo y separándola del calamar. Quite la pluma y lave el calamar. Prepárelo como se indica y corte los tentáculos en tiras. Sirva este plato con arroz.

450 g de calamares limpios
2 cucharadas de aceite de cacahuete o aceite vegetal
2 dientes de ajo, finamente picados
25 g de jengibre fresco, finamente picado
225 g de setas *shiitake* frescas, laminadas

6 *bok choy* pequeños, cortados en cuartos a lo largo
2 cucharadas de salsa de soja clara
3 cucharadas de salsa de ostras
1 cucharadita de harina de maíz
60 ml de agua fría

Corte los calamares por la mitad a lo largo, realice unos cortes diagonales en el interior de manera que quede un dibujo de rombos y córtelos en tiras. Caliente un wok hasta que una gota de agua se evapore en uno o dos segundos. Añada el aceite, el ajo y el jengibre, y deje que se doren. Agregue las setas y remueva durante 1 o 2 minutos, hasta que comiencen a dorarse. Incorpore los calamares y cocínelos hasta que comiencen a volverse opacos. Añada el *bok choy* y remueva durante 1 minuto, hasta que comience a ablandarse. Vierta la salsa de soja y la salsa de ostras, removiendo para que se incorpore todo bien. Mezcle la harina de maíz con el agua, añádala al wok y comience a remover de inmediato para evitar que se formen grumos. Cocine el plato durante 1 minuto aproximadamente, hasta que la salsa espese y todo esté bien impregnado.

Para 4 personas

salmón con sésamo, jengibre y fideos *soba*

véanse variaciones en la página 210

Los fideos *soba* japoneses están elaborados con trigo sarraceno. Son de un color marrón grisáceo, saben un poco a tierra y presentan una textura firme. Pueden encontrarse en grandes superficies o pueden sustituirse por fideos *ramen* o *udon*. Cocínelos siguiendo las instrucciones del paquete.

275 g de fideos *soba* secos
60 ml de salsa de soja clara
1 cucharada de aceite de sésamo
2 dientes de ajo, finamente picados
40 g de jengibre fresco, finamente picado
450 g de salmón sin piel, sin espinas y cortado
   en trozos pequeños

2 cucharadas de aceite de cacahuete o aceite vegetal
4 cebolletas, cortadas en trozos pequeños
2 cucharadas de semillas de sésamo
225 g de tirabeques, limpios
2 cucharadas de vino de arroz
2 cucharaditas de harina de maíz
125 ml de agua fría

Cocine los fideos siguiendo las instrucciones del paquete y resérvelos. Mezcle en un recipiente la salsa de soja, el aceite de sésamo, el ajo y el jengibre y añada el salmón. Deje marinar durante 10 minutos.

Caliente un wok hasta que una gota de agua se evapore en uno o dos segundos. Añada el aceite de cacahuete o aceite vegetal, las cebolletas y las semillas de sésamo, y deje que se doren. Agregue el salmón y la marinada, y cocínelo durante 2 o 3 minutos, hasta que esté casi al punto. Incorpore los tirabeques, los fideos y el vino de arroz, y remueva hasta que los tirabeques estén tiernos. Mezcle la harina de maíz con el agua, viértala al wok y comience a remover para evitar que se formen grumos. Cocine la salsa 1 minuto, hasta que espese. Sirva inmediatamente.

Para 4 personas

pulpo con berenjenas

véanse variaciones en la página 211

En la mayoría de las pescaderías podemos encontrar pulpitos limpios y listos para cocinar.
Si no están limpios los podremos limpiar fácilmente haciendo un corte en la base de la cabeza
y retirando las vísceras y el pico. Antes de cocinarlos deberemos lavarlos en agua fría. También
se pueden sustituir por la misma cantidad de gambas o calamares.

3 cucharadas de aceite de
    cacahuete o aceite vegetal,
    separadas
450 g de pulpitos limpios
2 guindillas rojas largas, sin
    semillas y finamente picadas
2 dientes de ajo, finamente
    picados

4 cebolletas, cortadas en rodajas
2 berenjenas grandes,
    cortadas por la mitad
    y en tiras
2 cucharadas de salsa *kecap
    manis*
3 cucharadas de salsa
    de soja clara

2 cucharadas de salsa
    de chile dulce
1 cucharada de aceite
    de sésamo
60 ml de agua
1 manojo pequeño de albahaca
    tailandesa fresca, picada
cebolletas picadas (opcional)

Caliente un wok hasta que una gota de agua se evapore en uno o dos segundos. Añada 1 cucharada
de aceite de cacahuete o aceite vegetal y los pulpitos, y cocínelos durante 2 o 3 minutos, hasta
que estén en su punto. Ponga los pulpitos en un plato, cúbralos y resérvelos. Agregue al wok el resto
del aceite, caliéntelo hasta que salga humo e incorpore la guindilla, el ajo y las cebolletas, y remueva
hasta que se doren. Añada la berenjena y remueva durante 2 o 3 minutos, hasta que se dore
y comience a ablandarse. Vierta la salsa *kecap manis*, la salsa de soja, la salsa de chile dulce, el aceite
de sésamo y el agua, y cocine todo 2 o 3 minutos más, hasta que la berenjena se ablande y absorba
la salsa. Vuelva a añadir los pulpitos con su jugo al wok y remueva para que se mezcle todo bien.
Cuando los pulpitos se hayan calentado, agregue la mitad de la albahaca tailandesa. Decore con el resto
de la albahaca y, si lo desea, con cebolleta picada.

Para 4 personas

moluscos con albahaca tailandesa y guindilla

véanse variaciones en la página 212

Cuando cocine moluscos frescos debe retirar los que tengan la valva rota y los que no se cierren al golpearlos en la encimera. Los moluscos deben tener un aroma a agua marina y las valvas deben estar cerradas. Sirva este plato con fideos o arroz.

2 cucharadas de aceite de cacahuete o aceite vegetal
25 g de jengibre fresco, finamente picado
2 dientes de ajo, finamente picados
2-3 guindillas rojas largas, sin semillas
   y finamente picadas
6 cebolletas pequeñas
900 g de moluscos (mejillones, almejas) limpios

2 tomates grandes picados
60 ml de salsa de soja clara
2 cucharadas de vino de arroz
1 cucharada de salsa de chile dulce
2 cucharaditas de salsa picante
1 manojo pequeño de albahaca tailandesa fresca,
   picada

Caliente un wok hasta que una gota de agua se evapore en uno o dos segundos. Añada el aceite, el jengibre, el ajo, las guindillas y las cebolletas, y cocínelos hasta que comiencen a dorarse. Agregue los moluscos y los tomates, y remueva durante 1 o 2 minutos.

Vierta la salsa de soja, el vino de arroz, la salsa de chile dulce y la salsa picante, y remueva rápidamente para que se mezcle todo bien. Cubra el wok. Deje que los moluscos se cocinen al vapor durante 3 o 4 minutos, hasta que se hayan abierto casi todas las valvas. Descarte los que estén cerrados. Con una espumadera, retire los moluscos del wok y póngalos en una bandeja para servirlos. Añada la albahaca tailandesa picada a la salsa del wok. Deje que hierva a fuego lento durante 1 minuto, sazone al gusto y vierta la salsa a los moluscos. Sirva inmediatamente.

Para 4 personas

pescado al estilo coreano

véanse variaciones en la página 213

Para esta receta se puede utilizar cualquier pescado blanco de carne firme (los pescados más blandos tienden a romperse en el wok), como fletán, bacalao, reloj anaranjado o lubina. Sirva este plato con fideos o arroz.

60 ml de salsa de soja clara
1 cucharada de aceite de sésamo
1 cucharada de vino de arroz
2 dientes de ajo, finamente picados
1 cucharadita de guindilla en polvo
2 cucharadas de semillas de sésamo
450 g de pescado blanco firme sin piel,
    sin espinas y cortado en trozos pequeños

2 cucharadas de aceite de cacahuete
    o aceite vegetal
4 cebolletas, cortadas en trozos pequeños
1 pimiento rojo grande, cortado
    en trozos pequeños
8 *bok choy* baby, cortados en trozos
    pequeños
60 ml de agua, en caso de que sea necesario

Mezcle en un recipiente la salsa de soja, el aceite de sésamo, el vino de arroz, el ajo, la guindilla en polvo y las semillas de sésamo y añada el pescado, removiendo bien hasta que se impregne bien con la mezcla. Deje marinar durante 10 minutos.

Caliente un wok hasta que una gota de agua se evapore en uno o dos segundos. Añada el aceite de cacahuete o aceite vegetal y las cebolletas, y cocínelas hasta que se doren. A continuación, agregue los pimientos. Cocínelos hasta que estén tiernos e incorpore al wok el pescado y la marinada. Remueva durante 2 o 3 minutos, hasta que el pescado esté casi cocinado.

Añada el *bok choy* y el agua, en caso de que sea necesario, y cocine durante 1 o 2 minutos, hasta que se ablande el *bok choy*. Sirva inmediatamente.

Para 4 personas

gambas con miel, jengibre y lima

véanse variaciones en la página 214

Prepare las gambas enteras retirando la cabeza y la cáscara. Si lo desea puede dejar la cola.
Una vez peladas, realice un corte en la parte de atrás de las gambas y retire el intestino.
También puede utilizar gambas ya limpias y peladas. Sirva este plato con fideos o arroz.

2 cucharadas de aceite de cacahuete
   o aceite vegetal
1 cebolla mediana, picada
40 g de jengibre fresco, finamente picado
450 g de gambas grandes peladas y limpias

1 manojo de brócoli chino, cortado en trozos pequeños
8 bok choy baby, cortados en trozos pequeños
2 cucharadas de miel
la ralladura y el zumo de 1 lima
2 cucharadas de salsa de pescado

Caliente un wok hasta que una gota de agua se evapore en uno o dos segundos. Añada el aceite,
la cebolla y el jengibre, y cocínelos hasta que comiencen a dorarse. Agregue las gambas y remueva
durante 2 o 3 minutos, hasta que empiecen a volverse opacas.

Incorpore el brócoli chino y cocínelo durante 1 o 2 minutos, hasta que esté en su punto. Añada
el *bok choy*, la miel, la ralladura y el zumo de lima y la salsa de pescado y cocínelos hasta
que el *bok choy* comience a ablandarse. Sirva inmediatamente.

Para 4 personas

cerdo con gambas

véanse variaciones en la página 215

En este plato la carne de cerdo y las gambas se complementan a la perfección. Los *vermicelli* de arroz son fideos de arroz cabello de ángel que vienen secos. Normalmente se encuentran disponibles en grandes superficies, pero pueden sustituirse por cualquier tipo de fideos secos de arroz. Deberá cocinarlos siguiendo las instrucciones del paquete.

225 g de *vermicelli* de arroz secos

125 ml de caldo de pollo

2 cucharadas de salsa de soja clara

1 cucharada de vino de arroz

1 cucharada de azúcar de palma de coco o azúcar moreno

2 cucharadas de aceite de cacahuete o aceite vegetal

225 g de filetes de cerdo en tiras

1 cucharadita de curri en polvo

1 cebolla roja mediana, cortada por la mitad y en rodajas

2 dientes de ajo, finamente picados

2 zanahorias medianas, cortadas en rodajas

275 g de gambas peladas y limpias

225 g de brotes de alubias

4 cebolletas, picadas

Ponga los *vermicelli* de arroz en un recipiente resistente al calor y cúbralos con agua hirviendo. Deje reposar durante 1 o 2 minutos, hasta que se ablanden; escúrralos y resérvelos. Mezcle en un recipiente el caldo de pollo, la salsa de soja, el vino de arroz y el azúcar y reserve. Caliente un wok hasta que una gota de agua se evapore en uno o dos segundos. Añada la mitad del aceite y los filetes de cerdo y cocínelos hasta que estén dorados y en su punto. Retírelos a un plato, cúbralos y resérvelos.

Agregue al wok el resto del aceite, caliente hasta que comience a salir humo, incorpore el curri en polvo, la cebolla y el ajo, y cocínelos hasta que se doren. Añada las zanahorias y cocínelas 1 o 2 minutos, agregue las gambas y remueva 2 o 3 minutos más, hasta que se vuelvan opacas. Vuelva a añadir la carne de cerdo al wok y, a continuación, incorpore los fideos, la mezcla del caldo y los brotes de alubias. Remueva durante 2 o 3 minutos, hasta que todo esté caliente. Corone con las cebolletas.

Para 4 personas

atún a la pimienta de Sichuán

véanse variaciones en la página 216

El atún fresco se cocina muy bien al wok, ya que presenta una textura firme y tiene buen sabor. El pescado deberá estar lo más fresco posible. En caso de no tener atún, el salmón es un sustitutivo aceptable. Sirva este plato con arroz.

60 ml de salsa de soja clara
1 cucharada de aceite de sésamo
1 cucharada de salsa picante
2 cucharaditas de azúcar de palma de coco o azúcar moreno
2 dientes de ajo, finamente picados

450 g de atún sin piel, cortado en trozos pequeños
3 cucharadas de aceite de cacahuete o aceite vegetal
2 cucharaditas de pimienta de Sichuán

2 guindillas rojas frescas, picadas
4 cebolletas, cortadas en trozos pequeños
450 g de judías verdes sin hebras, limpias y cortadas en trozos pequeños

Mezcle en un recipiente la salsa de soja, el aceite de sésamo, la salsa picante, el azúcar y el ajo. Añada el atún y remueva bien hasta que se impregne con la preparación. Deje reposar durante 10 minutos.

Caliente un wok hasta que una gota de agua se evapore en uno o dos segundos. Añada el aceite de cacahuete o aceite vegetal, la pimienta de Sichuán y las guindillas, y cocínelas durante 10 segundos antes de agregar las cebolletas y las judías. Cocínelas durante algunos minutos más, hasta que las judías comiencen a arrugarse. Incorpore el atún y la marinada y cocínelo durante 3 o 4 minutos, hasta que esté en su punto. Sirva inmediatamente.

Para 4 personas

pescado con verduras

véanse variaciones en la página 217

Casi todas las verduras pueden cocinarse en un wok, solo tendremos que añadirlas por orden de firmeza. Las verduras más firmes, como los pimientos, el apio y los tubérculos, tardan más en cocinarse. Sirva este plato con fideos o arroz.

2 cucharadas de salsa de soja clara
1 cucharada de salsa de pescado
1 cucharadita de azúcar de palma
    de coco o azúcar moreno
2 cucharadas de aceite de cacahuete
    o aceite vegetal
450 g de pescado blanco firme sin piel, sin espinas
    y cortado en trozos pequeños
1 cebolla mediana, cortada por la mitad
    y en rodajas

2 dientes de ajo, finamente picados
1 zanahoria grande, cortada en rodajas
1 pimiento rojo grande, cortado
    en trozos pequeños
1 manojo de *bimi*, cortado en trozos pequeños
75 g de espinacas tiernas
1 lata (225 g) de castañas de agua,
    escurridas
1 manojo pequeño de cilantro fresco,
    picado

Mezcle en un recipiente la salsa de soja clara, la salsa de pescado y el azúcar, y remueva hasta que se disuelva el azúcar. Reserve.

Caliente un wok hasta que una gota de agua se evapore en uno o dos segundos. Añada la mitad del aceite y el pescado, y cocínelo durante 2 o 3 minutos, hasta que esté en su punto. Retire el pescado a un plato, cúbralo y resérvelo.

Agregue al wok el resto del aceite, el ajo y la cebolla, y deje que se doren. Incorpore la zanahoria y el pimiento y remueva hasta que estén tiernos. Añada el *bimi* y cocínelo durante 1 minuto.

Incorpore de nuevo al wok el pescado con su jugo. Añada inmediatamente las espinacas, las castañas de agua y la mezcla de soja. Cocine todo durante 1 minuto, hasta que se ablanden las espinacas. Agregue la mitad del cilantro y decore con el resto antes de servir.

Para 4 personas

calamares con verduras asiáticas

véanse variaciones en la página 218

Las verduras asiáticas pueden encontrarse en tiendas especializadas y en grandes superficies.
Muchas de ellas se conocen con diferentes nombres. En esta receta se puede utilizar cualquier
variedad de verduras de hoja, solo habrá que añadir primero las que tengan los tallos más gruesos.
Sirva este plato con fideos o arroz.

450 g de calamares limpios
2 cucharadas de aceite de cacahuete
    o aceite vegetal
2 dientes de ajo, finamente picados
6 cebolletas, cortadas en trozos pequeños
1 manojo de *choy sum*, cortado en trozos pequeños

1 manojo pequeño de cebollino chino,
    picado
2 cucharadas de salsa de soja clara
1 cucharada de salsa de soja oscura
1 cucharada de salsa de chile dulce
1 manojo pequeño de cilantro fresco, picado

Corte los calamares por la mitad a lo largo, realice unos cortes diagonales en el interior de manera
que quede un dibujo de rombos y córtelos en tiras. Caliente un wok hasta que una gota de agua
se evapore en uno o dos segundos. Añada al wok la mitad del aceite y los calamares. Cocínelos durante
2 o 3 minutos, hasta que estén en su punto; retírelos a un plato, cúbralos y resérvelos.

Agregue al wok el resto del aceite, caliéntelo hasta que salga humo e incorpore el ajo y las cebolletas.
Remueva hasta que se doren. Añada el *choy sum* y cocínelo hasta que se ablande.

Agregue el cebollino chino y los calamares con su jugo. Vierta las dos salsas de soja y la salsa
de chile dulce y mezcle todo bien. Añada la mitad del cilantro y decore con el resto antes de servir.

Para 4 personas

calamares con pimienta y limón

véanse variaciones en la página 219

La mezcla de pimienta y limón es una combinación clásica que queda muy bien en los platos cocinados en un wok. La acidez del zumo de limón ablandará un poco los calamares antes de cocinarlos. El limón puede sustituirse por zumo de lima. Sirva este plato con arroz.

la ralladura y el zumo de 1 limón
2 cucharadas de salsa de soja clara
2 cucharaditas de salsa de pescado
1 cucharada de azúcar de palma de coco o azúcar moreno
450 g de calamares limpios
2 cucharadas de aceite de cacahuete o aceite vegetal

1 cucharadita de pimienta negra machacada
2 dientes de ajo, finamente picados
1 cebolla roja, picada
1 pimiento rojo grande, cortado en trozos pequeños
1 manojo de brócoli chino, cortado en trozos pequeños
6 *bok choy* baby, cortados en cuartos

Mezcle en un recipiente la ralladura y el zumo de limón, la salsa de soja clara, la salsa de pescado y el azúcar. Corte los calamares por la mitad a lo largo, realice unos cortes diagonales en el interior de manera que quede un dibujo de rombos y córtelos en tiras.

Caliente un wok hasta que una gota de agua se evapore en uno o dos segundos. Añada el aceite y la pimienta machacada y cocínela durante 10 segundos. A continuación, agregue el ajo y la cebolla y deje que se doren. Incorpore el pimiento y cocínelo hasta que esté tierno.

Añada los calamares al wok y remueva durante 2 o 3 minutos, hasta que comiencen a volverse opacos. Agregue la mezcla de limón y el brócoli chino y remueva durante 1 o 2 minutos. Incorpore el *bok choy* y cocínelo hasta que se ablande y los calamares estén cocidos. Sirva inmediatamente.

Para 4 personas

pescado con pasta de gambas

véanse variaciones en la página 220

El intenso aroma de la pasta de gambas puede resultar abrumador pero, una vez que está cocinada, la pasta no es tan fuerte. En esta receta utilizaremos una pequeña cantidad para dar sabor. Sirva el plato acompañado de arroz.

2 cucharadas de salsa de pescado
2 cucharaditas de azúcar de palma de coco
    o azúcar moreno
450 g de pescado blanco firme, sin piel
    y sin espinas, como bacalao, lubina, fletán
    o reloj anaranjado, cortado en trozos pequeños
2 cucharadas de aceite de cacahuete
    o aceite vegetal, separadas
1 cebolla roja mediana, picada

2 dientes de ajo, finamente picados
2 cucharaditas de pasta de gambas
60 ml de agua
1/8 de repollo chino pequeño, cortado
    en trozos pequeños
1 lata (225 g) de castañas de agua,
    escurridas
1 lata (225 g) de maíz baby, escurrido
225 g de brotes de alubias

Mezcle en un recipiente la salsa de pescado con el azúcar y remueva hasta que se disuelva el azúcar, añada el pescado y siga removiendo hasta que esté totalmente impregnado. Reserve.

Caliente un wok hasta que una gota de agua se evapore en uno o dos segundos. Añada al wok la mitad del aceite y el pescado y cocínelo durante 2 o 3 minutos, hasta que esté en su punto. Retire el pescado a un plato, cúbralo y resérvelo. Agregue al wok el resto del aceite, el ajo y la cebolla y deje que se doren. Incorpore la pasta de gambas y el agua, y remueva durante unos segundos. Añada el repollo, las castañas de agua y el maíz enano y siga removiendo durante 1 o 2 minutos, hasta que comience a ablandarse el repollo. Vuelva a agregar el pescado con su jugo al wok. Incorpore los brotes de alubias. Cocine todo durante 1 minuto, hasta que el pescado esté caliente y los brotes de alubias estén en su punto. Sirva inmediatamente.

Para 4 personas

gambas picantes al estilo de Singapur

véanse variaciones en la página 221

Estas gambas picantes, que se basan en un plato tradicional de Singapur, se cocinan revueltas con huevo. El huevo tiene una cocción inmediata, por lo que no se añade hasta el final. Sirva este plato con arroz y salsa picante al gusto.

250 ml de caldo de pollo
125 ml de kétchup
1 cucharada de vinagre blanco
2 cucharaditas de salsa picante
2 cucharaditas de sal
2 cucharadas de aceite de cacahuete
    o aceite vegetal
2 guindillas rojas largas, sin semillas
    y finamente picadas

25 g de jengibre fresco, finamente picado
3 dientes de ajo, finamente picados
6 cebolletas, picadas
700 g de gambas peladas y limpias
4 *bok choy* baby, picados
1 cucharada de harina de maíz
60 ml de agua fría
1 huevo, batido

Vierta el caldo de pollo, el kétchup, el vinagre, la salsa picante y la sal en una sartén pequeña a fuego medio. Llévela al punto de ebullición y baje el fuego al mínimo para mantener la salsa caliente.

Caliente un wok hasta que una gota de agua se evapore en uno o dos segundos. Añada el aceite, la guindilla, el jengibre, el ajo y las cebolletas, y cocínelos hasta que comiencen a dorarse. Agregue las gambas y remueva durante 1 o 2 minutos, hasta que empiecen a volverse opacas.

Baje un poco el fuego e incorpore la salsa y el *bok choy*. Deje que hierva a fuego lento mientras mezcla la harina de maíz con el agua y la añade al wok. Remueva inmediatamente para evitar que se formen grumos y cocine la salsa alrededor de 1 minuto, hasta que se espese. Agregue el huevo batido, cocínelo y sirva el plato.

Para 4 personas

gambas con guisantes al limón

véanse variaciones en la página 222

Las gambas combinan muy bien con los guisantes y el limón. Pruebe a servir este plato acompañado de arroz cocinado al vapor con citronela machacada para obtener un toque de limón adicional, o sírvalo con fideos.

2 cucharadas de aceite de cacahuete
    o aceite vegetal
1 cebolla roja mediana, picada
2 dientes de ajo, finamente picados
450 g de gambas peladas y limpias
300 g de guisantes descongelados

225 g de tirabeques, picados
la ralladura y el zumo de 1 limón
2 cucharadas de salsa de pescado
1 cucharada de salsa de soja clara
1 cucharadita de azúcar de palma de coco
    o azúcar moreno

Caliente un wok hasta que una gota de agua se evapore en uno o dos segundos. Añada el aceite, la cebolla roja y el ajo, y cocínelos hasta que comiencen a dorarse. Agregue las gambas y remueva durante 2 o 3 minutos, hasta que empiecen a volverse opacas.

Incorpore los guisantes y cocínelos durante otro minuto, hasta que estén tiernos, y añada los tirabeques, la ralladura y el zumo de limón, la salsa de pescado, la salsa de soja y el azúcar. Cocine todo hasta que las verduras estén tiernas. Sirva inmediatamente.

Para 4 personas

pescado con leche de coco al estilo tailandés

véanse variaciones en la página 223

La leche de coco aporta un ligero toque dulce a los platos al wok y puede comprarse en lata. Elija una que contenga solamente coco y agua. Sirva este plato con arroz.

125 g y 2 cucharadas de leche de coco
2 cucharadas de salsa de pescado
2 hojas de lima *kaffir*, picadas
1 cucharada de salsa de chile dulce
1 cucharadita de azúcar de palma de coco
    o azúcar moreno
2 dientes de ajo, finamente picados
450 g de pescado blanco firme sin piel y sin espinas,
    como bacalao, lubina, fletán o reloj anaranjado,
    cortado en trozos pequeños

2 cucharadas de aceite de cacahuete o aceite vegetal
1 tallo de citronela, sin las hojas exteriores
    ni la raíz y con la parte blanca finamente picada
1 guindilla roja larga, sin semillas y finamente picada
6 cebolletas, cortadas en trozos pequeños
225 g de tirabeques, limpios
125 g de brotes de alubias
1 lata (225 g) de castañas de agua, escurridas
½ manojo pequeño de cilantro fresco, picado
guindilla roja, picada

Mezcle en un recipiente las 2 cucharadas de leche de coco, la salsa de pescado, las hojas de lima, la salsa de chile dulce, el azúcar y el ajo. Añada el pescado y remueva bien hasta que se impregne de la mezcla. Deje marinar durante 10 minutos. Caliente un wok hasta que una gota de agua se evapore en uno o dos segundos. Agregue el aceite, la citronela, la guindilla roja y las cebolletas, y deje que se doren. Incorpore el pescado y la marinada y cocínelo durante 2 o 3 minutos, hasta que se vuelva opaco. Añada al wok los tirabeques, los brotes de alubias, las castañas de agua y 125 ml de leche de coco; llévelo al punto de ebullición y remueva todo hasta que las verduras estén tiernas pero crujientes y el pescado se termine de cocinar. Decore con cilantro fresco y guindilla roja picada. Sirva inmediatamente.

Para 4 personas

gambas con tamarindo y guindilla

véanse variaciones en la página 224

El tamarindo es la pulpa espesa que se extrae de las vainas del árbol del tamarindo y puede encontrarse en forma de pasta preparada en tiendas especializadas en productos asiáticos. Presenta un característico sabor agridulce. Si no lo encuentra, lo puede sustituir por azúcar moreno y zumo de lima a partes iguales. Sirva este plato con fideos o arroz.

2 cucharadas de aceite de cacahuete
   o aceite vegetal
1 cebolla roja mediana, cortada por la mitad
   y en rodajas
2 guindillas rojas largas, sin semillas
   y finamente picadas
2 dientes de ajo, finamente picados
450 g de gambas peladas y limpias

1 cucharada de pasta de tamarindo
1 cucharada de azúcar de palma de coco
   o azúcar moreno
2 cucharadas de salsa de soja clara
2 tomates grandes picados
225 g de tirabeques, picados
125 g de espinacas tiernas

Caliente un wok hasta que una gota de agua se evapore en uno o dos segundos. Añada el aceite, la cebolla roja, las guindillas rojas y el ajo, y cocínelos hasta que comiencen a dorarse. Agregue las gambas y remueva durante 1 o 2 minutos, hasta que empiecen a cambiar de color.

Incorpore la pasta de tamarindo, el azúcar, la salsa de soja clara y los tomates, y remueva durante 1 o 2 minutos, hasta que comiencen a ablandarse. Añada los tirabeques y cocínelos hasta que estén tiernos. Agregue las espinacas tiernas y remueva para que se mezclen bien y se ablanden. Sirva inmediatamente.

Para 4 personas

mejillones con raíz de loto en salsa de chile dulce

véanse variaciones en la página 225

Limpie los mejillones con un estropajo y descarte los que tengan la valva rota. Golpee en la encimera los que estén abiertos y deséchelos si no se cierran. La barba que asoma entre las valvas puede retirarse tirando hacia los lados hasta que salga. Sirva este plato con fideos o arroz.

un chorro de vinagre
1 raíz de loto grande
2 cucharadas de aceite de cacahuete
    o aceite vegetal
25 g de jengibre fresco, finamente picado
2 dientes de ajo, finamente picados
1 guindilla roja larga, sin semillas
    y picada

6 cebolletas, picadas
900 g de mejillones limpios
60 ml de agua
2 cucharadas de salsa de soja clara
125 ml de salsa de chile dulce
1 cucharadita de salsa picante
1 manojo de cilantro fresco, picado,
    y un poco más para decorar

Llene un recipiente grande de agua fría y vierta un chorro de vinagre. Pele el loto y córtelo en rodajas finas e introdúzcalas inmediatamente en el recipiente con agua y vinagre. Cuando vaya a cocinarlo deberá escurrirlo y secarlo con papel de cocina.

Caliente un wok hasta que una gota de agua se evapore en uno o dos segundos. Agregue el aceite, el jengibre, la guindilla y las cebolletas, y cocínelos hasta que comiencen a dorarse. Incorpore el loto y remueva durante 3 o 4 minutos, hasta que comience a volverse transparente.

Añada los mejillones, el agua y la salsa de soja. Mezcle todo y cubra el wok. Cocine los mejillones al vapor durante 3 o 4 minutos, hasta que se abran. Descarte los cerrados.

Con una espumadera, retire los mejillones y el loto del wok y colóquelos en una bandeja para servirlos. Vierta la salsa de chile dulce y la salsa picante, deje que se cocinen durante 1 minuto y añada el cilantro. Agregue la salsa a los mejillones y, si lo desea, decore con cilantro. Sirva inmediatamente.

Para 4 personas

calamares con alubias negras y pepino

véanse variaciones en la página 226

Aunque normalmente se sirve en ensalada, el pepino queda muy bien en los platos cocinados con wok por su sabor suave y su textura crujiente. Añádalo casi al final para que no pierda la textura. Sirva este plato con arroz.

450 g de calamares limpios
2 cucharadas de aceite de cacahuete o aceite vegetal
2 dientes de ajo, pelados y finamente picados
25 g de jengibre fresco, cortado en rodajas finas

1 cebolla roja, cortada por la mitad y en rodajas
150 ml de salsa de alubias negras
2 pepinos grandes, cortados por la mitad
   a lo largo y en rodajas

Corte los calamares por la mitad a lo largo, realice unos cortes diagonales en el interior de manera que quede un dibujo de rombos y córtelos en tiras. Reserve.

Caliente un wok hasta que una gota de agua se evapore en uno o dos segundos. Añada el aceite, el ajo, el jengibre y la cebolla roja, y deje que se doren. Agregue los calamares y remueva durante 1 o 2 minutos, hasta que se vuelvan opacos.

Incorpore la salsa de alubias negras y el pepino, y cocine todo hasta que los calamares estén listos y el pepino caliente. Sirva inmediatamente.

Para 4 personas

pescado con jengibre

véanse variaciones en la página 227

Las setas confieren a este plato cierto sabor a tierra. Pruebe a utilizar una o dos de las numerosas variedades de setas y hongos que pueden encontrarse frescos o secos en muchas tiendas especializadas en productos asiáticos. Sirva este plato con arroz.

60 ml de salsa de soja clara
1 cucharada de salsa de pescado
1 cucharadita de azúcar de palma de coco
   o azúcar moreno
2 cucharadas de aceite de cacahuete
   o aceite vegetal, separadas
450 g de pescado blanco firme, sin piel y sin
   espinas, como bacalao, fletán, reloj anaranjado
   o lubina, cortado en trozos pequeños

40 g de jengibre fresco, picado en palitos
2 dientes de ajo, finamente picados
1 cebolla mediana, picada
6 champiñones Portobello entre pequeños
   y medianos, laminados
1 pimiento rojo grande, cortado
   en trozos pequeños
1 brócoli grande, cortado en trozos pequeños
4 cebolletas, picadas

Mezcle en un recipiente la salsa de soja clara, la salsa de pescado y el azúcar y remueva hasta que se disuelva el azúcar. Reserve.

Caliente un wok hasta que una gota de agua se evapore en uno o dos segundos. Añada la mitad del aceite y el pescado y cocínelo durante 2 o 3 minutos, hasta que esté en su punto. Retire el pescado a un plato, cúbralo y resérvelo.

Agregue al wok el resto del aceite, el jengibre, el ajo y la cebolla, y deje que se doren. Incorpore las setas y el pimiento, y remueva hasta que comiencen a ablandarse y a tomar color. Añada el brócoli y remueva durante 1 minuto más.

Incorpore de nuevo el pescado con su jugo al wok. Vierta la mezcla de salsa de soja. Cocine todo durante 1 minuto, hasta que las verduras estén tiernas pero crujientes. Agregue la mitad de las cebolletas y decore con el resto antes de servir.

Para 4 personas

variaciones

salmón con citronela

véase receta base en la página 175

gambas con citronela
Prepare la receta base, pero sustituya el salmón por 450 g de gambas peladas y limpias.

salmón con citronela y guindilla
Prepare la receta base, pero añada al wok 2 guindillas rojas largas, sin semillas y finamente picadas, con las cebolletas. Elabore la receta siguiendo las instrucciones.

pescado con citronela y cilantro
Prepare la receta base, pero sustituya el salmón por 450 g de pescado blanco sin piel, sin espinas y cortado en trozos pequeños. Añada las raíces finamente picadas de 1 manojo pequeño de cilantro fresco a la mezcla de la salsa de soja. Elabore la receta siguiendo las instrucciones y decore el plato con cilantro fresco picado.

salmón con citronela y jengibre
Aumente la cantidad de jengibre a 40 g y elabore la receta siguiendo las instrucciones.

variaciones

calamares con *bok choy* y setas *shiitake*

véase receta base en la página 176

gambas con *bok choy* y setas *shiitake*
Prepare la receta base, pero omita los calamares. Añada al wok 450 g de gambas peladas
y limpias después de las setas y cocínelas hasta que se vuelvan opacas. A continuación,
agregue el *bok choy* y el resto de ingredientes.

calamares con espinacas y setas *shiitake*
Prepare la receta base, pero omita el *bok choy*. Añada al wok 225 g de espinacas baby
con la salsa de soja y la salsa de ostras.

calamares con *bok choy* y fideos
Prepare la receta base, pero omita las setas *shiitake*. Prepare 300 g de fideos *udon* frescos
siguiendo las instrucciones del paquete y añádalos al wok con el *bok choy*. No es necesario
servir esta variación con arroz.

calamares con *bok choy* y champiñones
Prepare la receta base, pero sustituya las setas *shiitake* por 225 g de champiñones
pequeños laminados.

variaciones

salmón con sésamo, jengibre y fideos *soba*

véase receta base en la página 178

atún con sésamo, jengibre y fideos *soba*
Prepare la receta base, pero sustituya el salmón por 450 g de atún fresco sin piel cortado en trozos pequeños.

salmón con lima, jengibre y fideos *soba*
Prepare la receta base, pero sustituya el vino de arroz por la ralladura y el zumo de 1 lima y 1 cucharadita de azúcar.

gambas con sésamo, jengibre y fideos *soba*
Prepare la receta base, pero sustituya el salmón por 450 g de gambas peladas y limpias.

salmón con sésamo, jengibre y fideos de arroz
Omita los fideos *soba*. Prepare 275 g de fideos secos de arroz siguiendo las instrucciones del paquete y añádalos al wok en lugar de los fideos *soba*.

pulpo con berenjenas

véase receta base en la página 180

gambas con berenjenas
Prepare la receta base, pero sustituya el pulpo por 450 g de gambas peladas y limpias.

pulpo con pimientos
Prepare la receta base, pero sustituya la berenjena por 3 pimientos rojos cortados en trozos pequeños.

pulpo con berenjenas y albahaca
Prepare la receta base, pero sustituya la albahaca tailandesa por 1 manojo pequeño de albahaca fresca picada.

pulpo con verduras de hoja verde y guindilla
Omita la berenjena. Prepare la receta base, pero sustituya la berenjena por 1 pimiento verde grande, cortado en trozos pequeños, y 1 brócoli grande, también cortado en trozos pequeños. Añada al wok 125 g de espinacas baby cuando vuelva a agregar el pulpo.

moluscos con albahaca tailandesa y guindilla

véase receta base en la página 181

moluscos con cilantro y guindilla

Omita la albahaca tailandesa. Prepare 1 manojo de cilantro fresco, picando las raíces en trozos más pequeños que las hojas. Elabore la receta siguiendo las instrucciones y añada las raíces finamente picadas con el jengibre, el ajo y la guindilla. Sustituya la albahaca tailandesa del final de la receta por las hojas de cilantro picadas.

moluscos con ajo, albahaca y guindilla

Omita la albahaca tailandesa. Prepare la receta base, pero aumente la cantidad de ajo a 4 dientes pelados y finamente picados. Elabore la receta siguiendo las instrucciones y sustituya la albahaca tailandesa por 1 manojo pequeño de albahaca picada.

gambas con albahaca tailandesa y guindilla

Prepare la receta base, pero omita los moluscos. Sustituya los moluscos por 900 g de gambas enteras, peladas y limpias.

moluscos con albahaca tailandesa y jengibre

Prepare la receta base, pero aumente la cantidad de jengibre a 40 g y píquelo finamente. Para añadir un toque decorativo al plato, corte el jengibre en palitos finos.

pescado al estilo coreano

véase receta base en la página 182

pescado al estilo vietnamita
Omita la marinada. Mezcle 1 cucharada de azúcar, 2 cucharadas de salsa de pescado, 2 cucharaditas de zumo de limón y los tallos bajos finamente picados de 1 manojo pequeño de cilantro fresco. Marine el pescado con esta preparación y elabore la receta siguiendo las instrucciones. Decore con hojas de cilantro.

gambas al estilo coreano
Prepare la receta base, pero sustituya el pescado blanco por 450 g de gambas peladas y limpias.

pescado al estilo malayo
Omita la marinada. Mezcle 2 cucharadas de salsa *kecap manis*, la ralladura y el zumo de 1 lima, 1 cucharada de azúcar y 1 guindilla roja larga, sin semillas y finamente picada. Marine el pescado con esta preparación y elabore la receta siguiendo las instrucciones.

pescado al estilo tailandés
Omita la marinada. Mezcle 1 cucharadita de pasta de gambas, 1 cucharada de salsa de pescado, 1 guindilla ojo de pájaro sin semillas finamente picada, 2 dientes de ajo y 25 g de jengibre picado. Marine el pescado con esta mezcla y elabore la receta siguiendo las instrucciones. Decore con hojas de albahaca tailandesa.

pescado picante
Añada a la marinada 1 cucharada de pasta de guindilla picante, al gusto, e incorpore al wok 1 guindilla roja larga, sin semillas y finamente picada, con las cebolletas.

gambas con miel, jengibre y lima

véase receta base en la página 184

pescado con miel, jengibre y lima

Prepare la receta base, pero sustituya las gambas por 450 g de pescado blanco firme sin piel, sin espinas y cortado en trozos pequeños.

gambas con soja, jengibre y lima

Prepare la receta base, pero sustituya la miel y la salsa de pescado por 3 cucharadas de salsa de soja clara y 1 cucharada de azúcar.

gambas con miel, jengibre y citronela

Prepare la receta base, pero omita la ralladura y el zumo de lima. Añada al wok 2 cucharadas de citronela finamente picada con la cebolla y el jengibre.

calamares con miel, jengibre y limón

Omita las gambas y la ralladura y el zumo de lima de la receta base. Corte 450 g de calamares limpios por la mitad a lo largo, realice unos cortes diagonales en el interior de manera que quede un dibujo de rombos y córtelos en tiras. Elabore la receta siguiendo las instrucciones, pero utilice los calamares en lugar de las gambas y sustituya la ralladura y el zumo de lima por la ralladura y el zumo de 1 limón.

variaciones

cerdo con gambas

véase receta base en la página 186

pollo con gambas
Prepare la receta base, pero sustituya los filetes de cerdo por 225 g de filetes de pechuga de pollo.

ternera con gambas
Prepare la receta base, pero sustituya los filetes de cerdo por 225 g de filetes de ternera.

cerdo agridulce con gambas
Reduzca la cantidad de caldo de pollo de la receta base a 60 ml y aumente la cantidad de azúcar a 2 cucharadas, mézclelos con la salsa de soja y el vino de arroz y añada, además, 60 ml de vinagre blanco y 2 cucharadas de kétchup. Escurra 1 lata (225 g) de piña troceada y reserve 60 ml de líquido, que deberá mezclar con 1 cucharada de harina de maíz. Prepare la receta siguiendo las instrucciones y añada al wok los trozos de piña con la carne de cerdo. Agregue la preparación de la harina de maíz al final y remueva hasta que la salsa espese.

cerdo picante con gambas
Prepare la receta base y añada 2 guindillas rojas sin semillas y finamente picadas al wok con el curri en polvo, la cebolla roja y el ajo.

variaciones

atún a la pimienta de Sichuán

véase receta base en la página 187

gambas a la pimienta de Sichuán
Prepare la receta base, pero sustituya el atún por 450 g de gambas peladas y limpias.

atún a la pimienta con lima
Omita la salsa picante, la pimienta de Sichuán y la guindilla seca. Prepare la receta base, pero sustituya la salsa picante por la ralladura y el zumo de 1 lima, y la pimienta de Sichuán y la guindilla seca por 2 cucharaditas de pimienta negra machacada.

pescado a la pimienta de Sichuán
Prepare la receta base, pero sustituya el atún por 450 g de pescado blanco firme sin piel, sin espinas y cortado en trozos pequeños.

atún a la pimienta de Sichuán con jengibre
Prepare la receta base, pero añada al wok 25 g de jengibre fresco, picado en palitos, con la pimienta de Sichuán y la guindilla seca.

pescado con verduras

véase receta base en la página 188

gambas con verduras
Prepare la receta base, pero sustituya el pescado blanco por 450 g de gambas peladas
y limpias.

calamares con verduras
Prepare la receta base, pero omita el pescado. Corte 450 g de calamares limpios por la mitad
a lo largo, realice unos cortes diagonales en el interior de manera que quede un dibujo de rombos
y córtelos en tiras. Elabore la receta siguiendo las instrucciones, pero sustituya el pescado
por los calamares.

pescado con verduras asiáticas
Omita la zanahoria, el pimiento rojo y el *bimi* de la receta base. Sustituya la zanahoria y el pimiento
por 1 manojo de *choy sum*, cortado en trozos pequeños, y el *bimi* por 1 manojo de brócoli chino,
también cortado en trozos pequeños.

pescado con verduras y guindilla
Prepare la receta base y añada al wok 2 guindillas rojas largas, sin semillas y finamente picadas,
con el ajo y la cebolla.

calamares con verduras asiáticas

véase receta base en la página 190

gambas con verduras asiáticas
Prepare la receta base, pero sustituya los calamares por 450 g de gambas peladas
y limpias.

calamares con jengibre y verduras asiáticas
Prepare la receta base y añada al wok 40 g de jengibre fresco, finamente picado,
con el ajo y la cebolleta.

calamares con verduras asiáticas en salsa *hoisin*
Omita las salsa de soja y la salsa de chile dulce. Elabore la receta siguiendo las instrucciones,
pero añada al wok 150 ml de salsa *hoisin* con el cebollino chino.

pulpitos con verduras asiáticas
Prepare la receta base, pero sustituya los calamares por 450 g de pulpitos limpios.

calamares con pimienta y limón

véase receta base en la página 192

calamares con ajo y pimienta
Prepare la receta base, pero omita la ralladura y el zumo de limón. Sustituya la ralladura
y el zumo de limón por 2 cucharadas de salsa *hoisin* y aumente la cantidad de ajo a 4 dientes
finamente picados.

gambas con pimienta y limón
Prepare la receta base, pero sustituya los calamares por 450 g de gambas peladas y limpias.

salmón con pimienta y limón
Prepare la receta base, pero sustituya los calamares por 450 g de salmón sin piel, sin espinas
y cortado en trozos pequeños.

calamares con guindilla y limón
Omita la pimienta negra y sustitúyala por 2 guindillas rojas largas, sin semillas y finamente picadas,
que deberá añadir al wok con la cebolla roja y el ajo.

pescado con pasta de gambas

véase receta base en la página 193

pescado con pasta de guindilla

Prepare la receta base, pero sustituya la pasta de gambas por 2 cucharaditas de pasta de guindilla, o más, si lo desea. Decore el plato con una guindilla roja finamente picada.

gambas con pasta de gambas

Prepare la receta base, pero sustituya el pescado por 450 g de gambas peladas y limpias.

cangrejo con pasta de gambas

Prepare la receta base, pero sustituya el pescado por 450 g de carne de cangrejo fresca.

calamares con pasta de guindilla

Omita el pescado y la pasta de gambas de la receta base. Corte 450 g de calamares limpios por la mitad a lo largo, realice unos cortes diagonales en el interior de manera que quede un dibujo de rombos y córtelos en tiras. Siga la receta base, pero sustituya el pescado por los calamares y la pasta de gambas por 2 cucharaditas de pasta de guindilla.

variaciones

gambas picantes al estilo de Singapur

véase receta base en la página 194

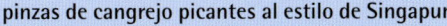

pinzas de cangrejo picantes al estilo de Singapur
Prepare la receta base, pero sustituya las gambas por de 700 a 900 g de pinzas de cangrejo.

gambas picantes con fideos al estilo de Singapur
Prepare 300 g de fideos al huevo siguiendo las instrucciones del paquete y añádalos
al wok después de la mezcla de harina de maíz. Elabore la receta siguiendo las instrucciones.
No es necesario servir esta variación con arroz.

pulpo picante al estilo de Singapur
Prepare la receta base, pero sustituya las gambas por 700 g de pulpitos limpios.

gambas picantes al estilo tailandés
Omita la mezcla de la salsa, la harina de maíz y el huevo. Mezcle 60 ml de vino de arroz, 3 cucharadas
de salsa de pescado, 2 cucharadas de zumo de lima, 1 cucharada de salsa de soja clara, 1 cucharada de
azúcar y 2 cucharaditas de citronela picada en un recipiente pequeño. Prepare la receta base, pero añada
la mezcla del vino de arroz al wok en lugar en la preparación de la salsa. Sirva con cilantro fresco.

gambas con guisantes al limón

véase receta base en la página 196

salmón con guisantes al limón
Prepare la receta base, pero sustituya las gambas por 450 g de salmón sin piel, sin espinas
y cortado en trozos pequeños.

calamares con guisantes al limón
Prepare la receta base, pero omita las gambas. Corte 450 g de calamares limpios por la mitad
a lo largo, realice unos cortes diagonales en el interior de manera que quede un dibujo de rombos
y córtelos en tiras. Elabore la receta siguiendo las instrucciones, pero sustituya las gambas
por los calamares.

gambas con guisantes a la lima
Prepare la receta base, pero sustituya la ralladura y el zumo de limón por la ralladura y el zumo
de 1 lima.

gambas con judías verdes al limón
Prepare la receta base, pero sustituya los guisantes y los tirabeques por 450 g de judías verdes
sin hebras, cortadas en trozos pequeños.

gambas con *bok choy* al limón
Prepare la receta base, pero sustituya los guisantes por 6 *bok choy* pequeños lavados y cortados
en cuartos.

pescado con leche de coco al estilo tailandés

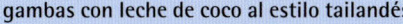

véase receta base en la página 198

gambas con leche de coco al estilo tailandés
Prepare la receta base, pero sustituya el pescado por 450 g de gambas peladas y limpias.

pescado con leche de coco y guindilla
Prepare la receta base, pero sustituya la salsa de chile dulce por salsa picante y 2 o 3 guindillas rojas largas, sin semillas y finamente picadas.

pescado con leche de coco y fideos al estilo tailandés
Prepare 225 g de fideos secos de arroz siguiendo las instrucciones del paquete y añádalos al wok después de los 125 ml de leche de coco. Deje que se calienten del todo antes de servir.

pescado con leche de coco, jengibre y lima
Prepare la receta base, pero omita la citronela. Añada la ralladura y el zumo de 1 lima a la marinada del pescado. Agregue al wok 40 g de jengibre fresco, picado en palitos, en lugar de la citronela. Sirva con cuñas de lima.

gambas con tamarindo y guindilla

véase receta base en la página 200

calamares con tamarindo y guindilla
Prepare la receta base, pero omita las gambas. Corte 450 g de calamares limpios por la mitad
a lo largo, realice unos cortes diagonales en el interior de manera que quede un dibujo de rombos
y córtelos en tiras. Sustituya las gambas por los calamares.

gambas con tamarindo, albahaca tailandesa y guindilla
Prepare la receta base, pero añada 1 manojo de albahaca tailandesa fresca picada al plato
antes de servir.

gambas con tamarindo y jengibre
Prepare la receta base, pero sustituya las guindillas rojas por 40 g de jengibre fresco
finamente picado.

gambas con fideos, tamarindo y guindilla
Prepare 300 g de fideos al huevo siguiendo las instrucciones del paquete y añádalos
al wok con las espinacas baby. Elabore la receta siguiendo las instrucciones.

mejillones con raíz de loto en salsa de chile dulce

véase receta base en la página 202

mejillones con raíz de loto en salsa picante
Prepare la receta base, pero reduzca la cantidad de salsa de chile dulce a la mitad y aumente la cantidad de guindilla roja a 3 guindillas sin semillas finamente picadas y la de salsa picante a 60 ml.

pulpo con raíz de loto en salsa de chile dulce
Sustituya los mejillones por 450 g de pulpitos limpios y saltéelos en lugar de cocinarlos al vapor. Elabore la receta siguiendo las instrucciones.

mejillones con castañas de agua en salsa de chile dulce
Omita la raíz de loto y el chorro de vinagre de la receta base. Añada al wok los mejillones y la salsa de soja después de cocinar el jengibre, el ajo, la guindilla y las cebolletas. Cocine los mejillones al vapor y retírelos. Agregue 1 lata (450 g) de castañas de agua escurridas con 6 *bok choy* baby picados, la salsa de chile dulce y la salsa picante. Elabore la receta siguiendo las instrucciones.

almejas con raíz de loto en salsa de chile dulce
Prepare la receta base, pero sustituya los mejillones por 900 g de almejas limpias.

calamares con alubias negras y pepino

véase receta base en la página 204

gambas con alubias negras y pepino
Prepare la receta base, pero sustituya los calamares por 450 g de gambas peladas y limpias.

calamares con alubias negras y calabacín
Prepare la receta base, pero omita el pepino. Añada al wok 2 calabacines medianos, cortados por la mitad a lo largo y en rodajas, con la salsa de alubias negras.

calamares con pepino y guindilla
Prepare la receta base, pero añada 2 guindillas rojas sin semillas y finamente picadas al wok con el ajo, el jengibre y la cebolla roja. Elabore la receta siguiendo las instrucciones.

calamares con pepino en salsa *hoisin*
Prepare la receta base, pero sustituya la salsa de alubias negras por 150 ml de salsa *hoisin*.

pescado con jengibre

véase receta base en la página 206

gambas con jengibre
Prepare la receta base, pero sustituya el pescado por 450 g de gambas peladas y limpias.

pescado con jengibre y fideos
Prepare 225 g de fideos secos de arroz siguiendo las instrucciones del paquete y añádalos al wok con las cebolletas y la mezcla de soja. Deje que se calienten del todo antes de servir. No es necesario servir esta variación con arroz.

pescado con ajo y guindilla
Prepare la receta base, pero omita el jengibre. Aumente la cantidad de ajo a 4 dientes finamente picados y añada al wok 3 guindillas rojas largas, sin semillas y finamente picadas, con el ajo y la cebolla.

pescado con jengibre y albahaca
Prepare la receta base, pero sustituya las cebolletas por 1 manojo pequeño de albahaca fresca picada.

fideos y arroz

Las numerosas variedades de fideos y arroz constituyen la base de muchos platos cocinados con wok. Los fideos presentan formas muy diversas; pueden ser anchos y planos, o finos como los *vermicelli*, y están elaborados con una amplia variedad de cereales, entre los que destacan el arroz y el trigo y, en ocasiones, también contienen huevo. Se pueden adquirir frescos, congelados, secos o instantáneos. El arroz ha sido el alimento básico de Asia durante milenios, y sus distintas variedades se utilizan para cocinar platos diferentes, por ejemplo, los de grano largo son más apropiados para los platos cocinados en un wok.

fideos de arroz al estilo tailandés (*pad thai*)

véanse variaciones en la página 260

El *pad thai* es un plato típico tailandés que normalmente se comercializa como comida rápida. La mayoría contiene fideos de arroz, tofu, huevos, tamarindo y salsa de pescado.

225 g de fideos largos secos de arroz
1 cucharada de pasta de tamarindo
1 cucharada de zumo de lima
2 cucharadas de salsa de pescado
2 cucharadas de azúcar de palma de coco
   o azúcar moreno
2 cucharadas de aceite de cacahuete o aceite vegetal
2 dientes de ajo, finamente picados
1 guindilla roja larga, sin semillas y finamente picada

4 cebolletas, picadas
450 g de gambas peladas y limpias
225 g de tofu extrafirme, cortado en trozos
3 huevos, ligeramente batidos
225 g de brotes de alubias
75 g de cacahuetes tostados, picados
10 g de chalotas fritas
1 manojo pequeño de cilantro fresco, picado
cuñas de lima, para servir

Ponga los fideos largos de arroz en un recipiente resistente al calor, cúbralos totalmente con agua hirviendo y déjelos en remojo hasta que se ablanden. Escúrralos y resérvelos. Mezcle en un recipiente la pasta de tamarindo, el zumo de lima, la salsa de pescado y el azúcar, y reserve.

Caliente un wok hasta que una gota de agua se evapore en uno o dos segundos. Añada el aceite, el ajo, la guindilla y las cebolletas, y cocínelos hasta que comiencen a dorarse. Agregue las gambas y remueva durante 1 o 2 minutos. Incorpore el tofu y remueva durante 1 o 2 minutos. Haga un hueco en el centro y añada los huevos. Remuévalos y agregue los fideos, la mezcla de tamarindo, los brotes de alubias, los cacahuetes y las chalotas fritas, y remueva. Sirva el plato decorado con cilantro y cuñas de lima.

Para 4 personas

fideos con huevo, verduras y albahaca

véanse variaciones en la página 261

Los fideos *hokkien* presentan mayor grosor y un color amarillento, y normalmente pueden adquirirse frescos. Absorben muy bien el sabor, y su textura gomosa queda muy bien en los platos cocinados con un wok.

400 g de fideos *hokkien* frescos (*véase* glosario, página 280)
2 cucharadas de aceite de cacahuete o aceite vegetal
4 dientes de ajo, finamente picados
25 g de jengibre fresco, finamente picado
1 cebolla roja mediana, cortada por la mitad y en rodajas
1 pimiento rojo mediano, cortado en rodajas
1 brócoli grande, cortado en trozos pequeños

4 calabazas amarillas, cortadas en trozos
3 huevos, ligeramente batidos
225 g de tirabeques, limpios
225 g de brotes de alubias
3 cucharadas de salsa de soja clara
2 cucharadas de salsa de chile dulce
3 cucharadas de salsa *kecap manis* (*véase* glosario, página 280)
1 manojo pequeño de albahaca fresca, picada

Ponga los fideos *hokkien* en un recipiente resistente al calor, cúbralos totalmente con agua hirviendo y déjelos en remojo durante 2 o 3 minutos, hasta que se ablanden. Escúrralos y resérvelos.

Caliente un wok hasta que una gota de agua se evapore en uno o dos segundos. Añada el aceite, el ajo, el jengibre y la cebolla roja, y cocínelos hasta que comiencen a dorarse. Agregue el pimiento y remueva durante 1 o 2 minutos, hasta que comience a ablandarse. Incorpore el brócoli y la calabaza, y remueva durante 1 minuto. Haga un hueco en el centro, añada los huevos y remuévalos hasta que estén casi al punto. Agregue los tirabeques, los brotes de alubias, la salsa de soja, la salsa picante y la salsa *kecap manis*, y remueva durante 1 o 2 minutos. Corone con la albahaca y sirva.

Para 4 personas

arroz frito al estilo chino

véanse variaciones en la página 262

La salchicha china es un embutido ahumado elaborado con carne de cerdo que tiene un alto contenido en grasa y que a menudo está sazonada con vino de arroz y salsa de soja. Se puede encontrar en la mayoría de las tiendas especializadas en productos asiáticos, pero puede sustituirse por *pepperoni* (aunque la salchicha china es más dulce), chorizo o jamón.

5 cucharadas de aceite de
   cacahuete o aceite vegetal,
   separadas
4 huevos, ligeramente batidos
4 dientes de ajo, finamente
   picados
2 guindillas rojas, sin semillas
   y picadas

225 g de salchicha china,
   cortada en rodajas
8 cebolletas, picadas
2 cucharadas de vino de arroz
1 cucharadita de azúcar
   blanquilla
150 g de guisantes, frescos
   o congelados

400 g (peso sin cocinar) de arroz
   de grano largo, hervido
   y frío
2 cucharadas de salsa de ostras
60 ml de salsa de soja clara
1 cucharada de aceite de sésamo
1 guindilla roja larga, finamente
   picada, para servir

Caliente un wok a fuego medio/alto y añada 3 cucharadas de aceite de cacahuete o aceite vegetal y después los huevos. Mueva el wok para que se cocinen. Deje los huevos en papel de cocina para que escurran el aceite.

Vuelva a calentar el wok. Agregue 2 cucharadas de aceite de cacahuete o aceite vegetal, el ajo y la guindilla, y cocínelos hasta que comiencen a dorarse. Incorpore la salchicha y las cebolletas y remueva durante 2 o 3 minutos. Vierta el vino de arroz y el azúcar, y deje cocinar durante 30 segundos. Añada los guisantes, remueva durante 30 segundos más y agregue el arroz. Cocínelo durante 1 o 2 minutos. Agregue al wok la salsa de ostras, la salsa de soja, el aceite de sésamo y los huevos. Mezcle bien con una espátula para romper los huevos en trocitos hasta que todo esté caliente. Sirva el plato decorado con guindilla.

Para 4 personas

fideos con huevo, cerdo y soja al estilo tailandés (*phat si-io*)

véanse variaciones en la página 263

El brócoli chino, también conocido como *kai lan* o *kale* chino, es una verdura que presenta unas pequeñas flores parecidas al brócoli, tallos gruesos y un sabor algo más fuerte que el del brócoli normal. El *bimi* es un híbrido de brócoli chino y brócoli normal y es un buen sustitutivo.

350 g de fideos secos de arroz, gruesos
2 cucharadas de aceite de cacahuete o aceite vegetal
4 dientes de ajo, finamente picados
1 guindilla roja larga, sin semillas y finamente picada

2 guindillas verdes largas, sin semillas y finamente picadas
450 g de filetes finos de cerdo
1 manojo grande de brócoli chino, picado
3 huevos, ligeramente batidos
3 cucharadas de salsa de soja oscura

2 cucharadas de salsa de soja clara
3 cucharadas de salsa de ostras
1 cucharadita de azúcar de palma de coco o azúcar moreno
60 ml de agua, en caso de que sea necesario

Ponga los fideos de arroz en un recipiente resistente al calor y cúbralos totalmente con agua caliente. Deje los fideos en remojo hasta que se ablanden. Escúrralos y resérvelos.

Caliente un wok hasta que una gota de agua se evapore en uno o dos segundos. Añada el aceite, el ajo y la guindilla, y cocínelos hasta que comiencen a dorarse. Agregue la carne de cerdo y remueva durante 1 o 2 minutos, hasta que comience a cocinarse. Incorpore el brócoli chino y cocínelo durante 1 minuto. Haga un hueco en el centro y añada los huevos. Remuévalos hasta que estén casi listos y agregue los fideos, las dos salsas de soja, la salsa de ostras y el azúcar, y deje cocinar durante 1 minuto, vertiendo agua en caso de que sea necesario. Sirva el plato.

Para 4 personas

arroz frito con pollo al estilo tailandés (*khao pad*)

véanse variaciones en la página 264

El *khao pad* es una versión tailandesa del arroz frito. Para prepararlo se utiliza arroz jazmín, y suele contener ajo, cebolla, huevos y carne. El arroz frito es una manera estupenda de utilizar sobras de arroz cocinado al vapor, y queda mejor si se hace con arroz cocinado que se haya enfriado rápido y se haya introducido en la nevera.

3 cucharadas de aceite de cacahuete
    o aceite vegetal
4 dientes de ajo, finamente picados
2 guindillas rojas tailandesas, sin semillas y picadas
450 g de muslos de pollo sin piel, cortados
    en trozos pequeños
8 cebolletas pequeñas, picadas
400 g (peso sin cocinar) de arroz jazmín,
    cocinado y frío

3 huevos
60 ml de salsa de soja clara
3 cucharadas de salsa de pescado
1 cucharada de zumo de lima
1 cucharada de azúcar de palma de coco
    o azúcar moreno
1 manojo pequeño de cilantro fresco, picado
salsa de soja o picante, para servir
cuñas de lima, para servir

Caliente un wok hasta que una gota de agua se evapore en uno o dos segundos. Añada el aceite, el ajo y la guindilla, y cocínelos hasta que comiencen a dorarse. Agregue el pollo y las cebolletas y cocínelos durante 2 o 3 minutos, hasta que el pollo esté casi listo.

Incorpore el arroz y remueva durante 1 o 2 minutos. Haga un hueco en el centro y vierta los huevos. Remuévalos hasta que estén casi hechos y, a continuación, mézclelos con el arroz. Añada la salsa de soja, la salsa de pescado, el zumo de lima y el azúcar, y deje cocinar 2 o 3 minutos, hasta que el pollo esté listo. Agregue el cilantro y mézclelo bien. Sirva con más salsa de soja o picante y cuñas de lima.

Para 4 personas

arroz frito al estilo indonesio (*nasi goreng*)

véanse variaciones en la página 265

Este plato de arroz, que también goza de popularidad en Malasia y Singapur, suele contener pollo, gambas y huevos, además de salsa de soja dulce (*kecap manis*). La salsa *kecap manis* puede encontrarse en grandes superficies, en tiendas especializadas o en internet.

5-6 cucharadas de aceite de cacahuete o aceite vegetal, separadas
4 dientes de ajo, finamente picados
8 cebolletas, picadas
1 cucharadita de pasta de gambas (*véase* glosario, página 280)
125 g de beicon, picado

225 g de filetes de muslo de pollo en tiras
1 tallo de apio, cortado en rodajas finas
400 g (peso sin cocinar) de arroz, cocinado y frío
225 g de gambas pequeñas cocinadas
225 g de brotes de alubias
60 ml de salsa *kecap manis*

2 cucharadas de salsa de soja clara
4 huevos
1 manojo pequeño de cilantro fresco, picado, para servir
10 g de chalotas fritas, para servir
salsa de soja, adicional, para servir
guindilla roja fresca, picada, para servir

Caliente un wok hasta que una gota de agua se evapore en uno o dos segundos. Añada 3 cucharadas de aceite, el ajo, las cebolletas y la pasta de gambas, y cocínelos hasta que comiencen a dorarse. Agregue el beicon y remueva durante 1 o 2 minutos, hasta que empiece a dorarse. Incorpore el pollo con el cilantro y cocínelo hasta que esté casi listo.

Añada el arroz y remueva bien durante 1 o 2 minutos. Agregue al wok las gambas cocinadas, los brotes de alubias, la salsa *kecap manis* y la salsa de soja, y deje cocinar durante 2 o 3 minutos más, hasta que

el pollo esté listo y el arroz esté caliente. Pase el arroz frito a una bandeja de servir, cúbralo y manténgalo caliente mientras cocina los huevos. Caliente una sartén grande, vierta 2 o 3 cucharadas de aceite y, a continuación, añada los huevos con cuidado. Fría los huevos hasta que las claras estén hechas y las yemas sigan líquidas, según su preferencia. Sirva porciones de arroz frito y ponga encima de cada una de ellas un huevo frito, cilantro y chalotas fritas, y sirva con salsa de soja y guindilla picada.

Para 4 personas

cerdo con gambas y fideos *hokkien* (*hokkien mee*)

véanse variaciones en la página 266

El *hokkien mee* es originario de la provincia china de Fujian (Hokkien). Suele contener carne de cerdo, manteca, huevos y marisco, mezclados con fideos al huevo o de arroz. Los fideos se cocinan en el wok para que absorban los jugos y las salsas.

2 cucharadas de aceite de cacahuete
   o aceite vegetal
4 dientes de ajo, finamente picados
450 g de filetes finos de aguja de cerdo
225 g de gambas peladas y limpias
¼ de repollo chino, cortado en trozos pequeños

60 ml de salsa de soja oscura
2 cucharadas de salsa de soja clara
2 cucharadas de salsa de ostras
450 g de fideos *hokkien* frescos
250 ml de caldo de pollo

Caliente un wok hasta que una gota de agua se evapore en uno o dos segundos. Añada el aceite y el ajo, y cocínelo hasta que comience a dorarse. Agregue la carne de cerdo y remueva durante 2 o 3 minutos, hasta que comience a cocinarse.

Incorpore las gambas y cocínelas durante 1 minuto; a continuación, añada el repollo chino y remueva hasta que esté casi listo. Vierta la salsa de soja oscura, la salsa de soja clara, la salsa de ostras, los fideos y el caldo de pollo, y deje hervir a fuego lento durante 2 o 3 minutos, hasta que los fideos y el repollo estén tiernos. Sirva inmediatamente.

Para 4 personas

arroz frito con marisco

véanse variaciones en la página 267

Para preparar este plato de arroz frito se puede utilizar cualquier mezcla de marisco. El resultado será mejor si se cocina el arroz el día anterior y se deja en la nevera toda la noche.

3 cucharadas de aceite de cacahuete
   o aceite vegetal
4 dientes de ajo, finamente picados
25 g de jengibre fresco, finamente picado
8 cebolletas, picadas
225 g de gambas peladas y limpias
125 g de anillas de calamar
125 g de vieiras frescas sin valva

125 g de carne de cangrejo fresca
1,2 kg de arroz de grano largo cocinado y frío
3 huevos
225 g de brotes de alubias
60 ml de salsa de soja clara
2 cucharadas de salsa de pescado
salsa de soja, para servir
cuñas de limón, para servir

Caliente un wok hasta que una gota de agua se evapore en uno o dos segundos. Añada el aceite, el ajo, el jengibre y las cebolletas, y cocínelos hasta que comiencen a dorarse. Agregue las gambas y remueva durante 1 o 2 minutos, hasta que empiecen a cambiar de color. Incorpore los calamares, las vieiras y el cangrejo, y remueva hasta que estén casi cocinados.

Añada el arroz y remueva bien durante 1 o 2 minutos. Haga un hueco en el centro del arroz y vierta los huevos. Remuévalos hasta que estén casi listos y, a continuación, mézclelos con el arroz. Agregue los brotes de alubias, la salsa de soja y la salsa de pescado, y deje cocinar durante 2 o 3 minutos, hasta que el marisco esté cocido y el arroz, caliente. Sirva con más salsa de soja y cuñas de limón.

Para 4 personas

arroz frito con huevo, guisantes y guindilla

véanse variaciones en la página 268

El arroz frito con huevo es un plato muy versátil que puede servirse como guarnición o solo. En esta receta utilizaremos guisantes, pero podemos añadir cualquier verdura finamente picada que tengamos a mano.

3 cucharadas de aceite de cacahuete
   o aceite vegetal
4 dientes de ajo, finamente picados
2 guindillas rojas, sin semillas y picadas
8 cebolletas pequeñas, picadas
300 g de guisantes, frescos o congelados

400 g (peso sin cocinar) de arroz de grano largo,
   cocinado y frío
60 ml de salsa de soja clara
4 huevos, ligeramente batidos
1 cucharadita de aceite de sésamo
1 guindilla roja larga, finamente picada, para servir

Caliente un wok hasta que una gota de agua se evapore en uno o dos segundos. Añada el aceite, el ajo y la guindilla, y cocínelos hasta que comiencen a dorarse. Agregue las cebolletas y los guisantes y remueva durante 1 o 2 minutos.

Incorpore el arroz y remueva bien durante 1 o 2 minutos, hasta que se caliente. Añada al wok la salsa de soja y mezcle todo bien. Haga un hueco en el centro del arroz y vierta los huevos. Remuévalos hasta que estén casi listos y, a continuación, mézclelos con el arroz. Cocine todo hasta que esté caliente y bien mezclado. Sirva el plato decorado con rodajas de guindilla.

Para 4 personas

fideos al curri verde

véanse variaciones en la página 269

Las pastas de curri normalmente se elaboran con gran cantidad de hierbas y especias, además de aceite y sal, y proporcionan una excelente base para muchos platos. Existe una gran variedad de pastas de curri en conserva y se pueden encontrar en tiendas especializadas o en la sección de productos asiáticos del supermercado.

2 cucharadas de aceite de cacahuete o aceite vegetal
1 diente de ajo, finamente picado
1 cebolla roja grande, cortada por la mitad
   y en rodajas
2 cucharadas de pasta de curri verde
450 g de tofu extrafirme, cortado en trozos pequeños

1 zanahoria grande, cortada en rodajas
1 pimiento rojo, cortado en rodajas
4 *bok choy* baby, cortados en trozos pequeños
2 cucharadas de salsa de soja clara
450 g de fideos *hokkien* frescos
250 ml de leche de coco

Caliente un wok hasta que una gota de agua se evapore en uno o dos segundos. Añada el aceite, el ajo, la cebolla roja y la pasta de curri, y cocínelos hasta que comiencen a dorarse. Agregue el tofu y remueva bien durante 2 o 3 minutos, hasta que comience a dorarse.

Incorpore la zanahoria y el pimiento, y remueva durante 1 o 2 minutos. Añada el *bok choy*, la salsa de soja clara, los fideos y la leche de coco, y deje hervir a fuego lento durante 2 o 3 minutos, hasta que se ablanden los fideos y el *bok choy*. Sirva inmediatamente.

Para 4 personas

arroz frito con champiñones, gambas y jengibre

véanse variaciones en la página 270

Las chalotas fritas deben cortarse en rodajas y dejar que se frían hasta que estén crujientes. Son un condimento esencial de muchos platos vietnamitas y, además de textura, aportan un sabor dulce y salado. Pueden encontrarse en casi todas las tiendas.

3 cucharadas de aceite de cacahuete
   o aceite vegetal
2 dientes de ajo, finamente picados
40 g de jengibre fresco, finamente picado
4 cebolletas, picadas
225 g de champiñones pequeños, laminados
450 g de gambas peladas y limpias

1,2 kg de arroz cocinado y frío
125 g de espinacas baby
2 cucharaditas de aceite de sésamo
2 cucharadas de salsa de ostras
60 ml de salsa de soja clara
10 g de chalotas fritas, para servir
cuñas de limón, para servir

Caliente un wok hasta que una gota de agua se evapore en uno o dos segundos. Añada el aceite, el ajo, el jengibre y las cebolletas, y cocínelos hasta que comiencen a dorarse. Agregue los champiñones y remueva durante 1 o 2 minutos, hasta que estén empezando a cocinarse. Incorpore las gambas y cocínelas hasta que estén casi listas.

Añada el arroz y remueva bien durante 1 o 2 minutos. Agregue las espinacas, el aceite de sésamo, la salsa de ostras y la salsa de soja, y deje cocinar durante 2 o 3 minutos, hasta que las gambas estén listas y el arroz esté caliente. Sirva con chalotas fritas y cuñas de limón.

Para 4 personas

arroz integral frito con pavo, jengibre y cilantro

véanse variaciones en la página 271

Para preparar este plato debemos tener en cuenta que el arroz integral tiene más fibra que el blanco y tarda más o menos el triple en cocinarse. Si cocinamos el arroz el día anterior y dejamos que se enfríe en la nevera durante la noche reduciremos mucho el tiempo de preparación.

2 cucharadas de aceite de cacahuete o aceite vegetal

1 manojo pequeño de cilantro, con las hojas retiradas y los tallos y raíces (si tienen) finamente picados

2 dientes de ajo, pelados y finamente picados

40 g de jengibre fresco, finamente picado

8 cebolletas, picadas

450 g de carne de pavo picada

400 g (peso sin cocinar) de arroz integral de grano largo, cocinado y frío

225 g de hojas de *tatsoi* (*véase* glosario, página 280)

225 g de brotes de alubias

60 ml de salsa de soja clara

1 cucharada de salsa *kecap manis*

1 cucharadita de aceite de sésamo

Caliente un wok hasta que una gota de agua se evapore en uno o dos segundos. Añada el aceite, los tallos y raíces de cilantro finamente picados, el ajo, el jengibre y las cebolletas, y cocínelos hasta que comiencen a dorarse. Incorpore la carne de pavo y cocínela 3 o 4 minutos, deshaciendo los trozos pegados hasta que esté totalmente cocida.

Agregue el arroz y remueva bien durante 1 o 2 minutos, hasta que se caliente. Añada el *tatsoi*, los brotes de alubias, la salsa de soja, la salsa *kecap manis* y el aceite de sésamo, y deje cocinar hasta que todo esté bien mezclado y caliente. Incorpore la mitad de las hojas de cilantro y decore con el resto antes de servir.

Para 4 personas

ternera con repollo y fideos *udon*

véanse variaciones en la página 272

En esta receta se utiliza repollo chino, también conocido como repollo *wombok* o *napa*, entre otros nombres. Se trata de un repollo alargado de tallos blancos y hojas de color verde claro que tiene un sabor suave. Si no lo encuentra puede sustituirlo por repollo normal y aumentar un poco los tiempos de cocción.

450 g de fideos *udon* frescos (*véase* glosario, página 280)
2 cucharadas de aceite de cacahuete o aceite vegetal
4 dientes de ajo, finamente picados
25 g de jengibre fresco, finamente picado
1 cebolla grande, cortada por la mitad y en rodajas

450 g de filetes de solomillo de ternera
½ repollo chino pequeño, cortado en trozos pequeños
3 cucharadas de salsa de soja clara
3 cucharadas de salsa *kecap manis*
60 ml de agua
1 manojo pequeño de albahaca tailandesa, picada

Ponga los fideos *udon* en un recipiente resistente al calor, cúbralos totalmente con agua hirviendo y déjelos en remojo durante 2 o 3 minutos, hasta que se ablanden. Escurra los fideos y resérvelos.

Caliente un wok hasta que una gota de agua se evapore en uno o dos segundos. Añada el aceite, el ajo, el jengibre y la cebolla, y cocínelos hasta que comiencen a dorarse. Agregue al wok la carne de ternera y remueva durante 1 o 2 minutos, hasta que comience a cocinarse.

Incorpore el repollo chino y cocínelo hasta que esté casi tierno; a continuación, añada los fideos, la salsa de soja clara, la salsa *kecap manis* y el agua, y remueva durante 1 o 2 minutos. Corone con la albahaca tailandesa picada antes de servir.

Para 4 personas

fideos con brócoli y tofu en salsa de soja dulce

véanse variaciones en la página 273

En esta receta se utilizan fideos frescos al huevo, que pueden hervirse ligeramente o ponerse en remojo antes de usarlos o, como se hace en esta receta, pueden añadirse al wok con un poco de líquido adicional para que se cocinen con el resto de ingredientes y absorban más sabor. El dulzor que caracteriza a este plato se consigue con una salsa de soja especial llamada *kecap manis*.

2 cucharadas de aceite de cacahuete
    o aceite vegetal
2 dientes de ajo, finamente picados
25 g de jengibre fresco, finamente picado
1 cebolla mediana, picada
450 g de tofu extrafirme, cortado en trozos pequeños

2 brócolis medianos, cortados en trozos pequeños
90 ml de salsa *kecap manis*
2 cucharadas de salsa de soja clara
350 g de fideos frescos al huevo,
    gruesos
125 ml de caldo de verduras

Caliente un wok hasta que una gota de agua se evapore en uno o dos segundos. Añada el aceite, el ajo, el jengibre y la cebolla, y cocínelos hasta que comiencen a dorarse. Agregue el tofu y remueva durante 2 o 3 minutos, hasta que comience a cocinarse.

Incorpore el brócoli y cocínelo durante 1 o 2 minutos; a continuación, añada la salsa *kecap manis*, la salsa de soja clara, los fideos y el caldo de verduras, y deje hervir a fuego lento durante 2 o 3 minutos, removiendo de vez en cuando, hasta que se ablanden los fideos y el brócoli. Sirva inmediatamente.

Para 4 personas

fideos de arroz con *tempeh* y guindilla

véanse variaciones en la página 274

Los fideos de arroz presentan diversos grosores, desde los finísimos *vermicelli* a los fideos de 1,25 cm de ancho, o incluso más grandes. También se pueden utilizar fideos frescos de arroz para esta receta: los añadiremos directamente al wok con un poco de líquido.

225 g de fideos secos de arroz, gruesos
3 cucharadas de aceite de cacahuete o aceite vegetal
2 dientes de ajo, finamente picados
2 guindillas rojas largas, sin semillas y finamente picadas
1 guindilla verde larga, sin semillas y finamente picada
6 cebolletas pequeñas, picadas
450 g de *tempeh*, cortado en trozos pequeños (*véase* glosario, página 280)

2 calabacines medianos, cortados por la mitad a lo largo y en rodajas
1 lata (225 g) de maíz baby, escurrido
4 *bok choy* baby, picados
2 cucharadas de salsa de soja oscura
3 cucharadas de salsa de soja clara
2 cucharadas de salsa de chile dulce
2-3 cucharadas de agua, en caso necesario
1 manojo pequeño de cilantro fresco, picado

Ponga los fideos de arroz en un recipiente resistente al calor, cúbralos totalmente con agua hirviendo y déjelos en remojo hasta que se ablanden. Escúrralos y resérvelos.

Caliente un wok hasta que una gota de agua se evapore en uno o dos segundos. Añada el aceite, el ajo, la guindilla y las cebolletas, y cocínelos hasta que comiencen a dorarse. Agregue el *tempeh* y remueva durante 1 o 2 minutos, hasta que comience a cocinarse. Añada el calabacín y cocínelo hasta que esté casi listo. A continuación, incorpore el maíz baby, el *bok choy*, los fideos, la salsa de soja clara, la salsa de soja oscura y la salsa de chile dulce. Remueva durante 2 o 3 minutos y vierta un poco de agua en caso de que sea necesario, hasta que el *bok choy* esté tierno pero crujiente y los fideos estén calientes. Sirva el plato decorado con cilantro.

Para 4 personas

ternera con *vermicelli* de arroz al estilo vietnamita

véanse variaciones en la página 275

Los *vermicelli* de arroz también se conocen como fideos de arroz cabello de ángel. Son los fideos de arroz más finos que existen. Solo será necesario ponerlos en agua caliente durante unos minutos para que se ablanden.

2 dientes de ajo, finamente picados

25 g de jengibre fresco, cortado en rodajas finas

1 guindilla roja larga, sin semillas y finamente picada

2 cucharadas de salsa de ostras

2 cucharadas de salsa de soja clara

1 cucharada de zumo de lima

1 cucharada de salsa de pescado

2 cucharaditas de azúcar de palma de coco o azúcar moreno

1 cucharada de harina de maíz

450 g de filetes finos de solomillo de ternera

350 g de fideos *vermicelli* secos de arroz

2 cucharadas de aceite de cacahuete o aceite vegetal

2 zanahorias, cortadas en rodajas

1 cebolla roja grande, cortada por la mitad y en rodajas

2 tallos de apio, cortados en rodajas

60 ml de agua

75 g de cacahuetes tostados, picados

1 manojo pequeño de menta vietnamita, picada (*véase* glosario, página 280)

Mezcle en un recipiente el ajo, el jengibre, la guindilla, la salsa de ostras, la salsa de soja clara, el zumo de lima, la salsa de pescado, el azúcar, la harina de maíz y la carne de ternera. Deje reposar durante 15 minutos para que se marine. Ponga los fideos de arroz en un recipiente resistente al calor, cúbralos totalmente con agua hirviendo y déjelos en remojo hasta que se ablanden. Escurra los fideos y resérvelos.

Caliente un wok hasta que una gota de agua se evapore en uno o dos segundos. Añada el aceite, las zanahorias, la cebolla roja y el apio, y cocínelos hasta que comiencen a dorarse. Agregue la carne de ternera y la marinada y remueva durante 1 o 2 minutos, hasta que comience a cocinarse.

Incorpore los fideos y el agua y deje cocinar hasta que la carne esté cocida y los fideos estén calientes; vierta más agua si fuera necesario. Sirva el plato decorado con los cacahuetes tostados y la menta vietnamita.

Para 4 personas

chow mein con cerdo

véanse variaciones en la página 276

El *chow mein* es un plato de fideos muy popular tanto en China como en Occidente. Existen numerosas versiones distintas de este plato, dependiendo de dónde se prepare, y podemos adaptarlo para utilizar cualquier ingrediente que tengamos a mano.

2 cucharadas de aceite de cacahuete
    o aceite vegetal
2 dientes de ajo, finamente picados
8 cebolletas, picadas
450 g de carne de cerdo picada
450 g de fideos *chow mein* frescos
1 zanahoria grande, cortada en rodajas

1 pimiento rojo, cortado en rodajas
150 g de guisantes frescos o congelados
¼ de repollo chino pequeño, cortado en juliana
2 cucharaditas de harina de maíz
125 ml de caldo de pollo
3 cucharadas de salsa de soja clara
60 ml de salsa de ostras

Caliente un wok hasta que una gota de agua se evapore en uno o dos segundos. Añada el aceite, el ajo y las cebolletas, y cocínelos hasta que comiencen a dorarse. Agregue la carne de cerdo y remueva, deshaciendo los trozos pegados, hasta que esté en su punto. Incorpore los fideos y fríalos hasta que comiencen a estar crujientes.

Añada la zanahoria y el pimiento, y cocínelos hasta que estén un poco tiernos. A continuación, agregue los guisantes y el repollo chino. Disuelva la harina de maíz en el caldo de pollo e incorpore la mezcla al wok con la salsa de soja clara y la salsa de ostras. Remueva inmediatamente para evitar que se formen grumos. Lleve al punto de ebullición y remueva hasta que las verduras estén tiernas pero crujientes y la salsa se haya espesado. Sirva inmediatamente.

Para 4 personas

pollo con fideos al estilo japonés

véanse variaciones en la página 277

El *mirin* es un vino dulce de arroz japonés que puede encontrarse en tiendas especializadas en productos asiáticos. Si no lo halla, sustitúyalo por 60 ml de vino blanco seco o jerez mezclado con 2 cucharaditas de azúcar.

450 g de fideos *udon*
60 ml de salsa de soja clara
60 ml de *mirin*
1 cucharadita de aceite de sésamo
1 cucharada de azúcar blanquilla
¼ de cucharadita de guindilla seca en copos

2 cucharadas de aceite de cacahuete o aceite vegetal
2 dientes de ajo, pelados y finamente picados
6 cebolletas, picadas
450 g de filetes de pechuga de pollo
¼ de repollo pequeño, cortado en juliana
225 g de tirabeques, limpios

Ponga los fideos *udon* en un recipiente resistente al calor y cúbralos totalmente con agua caliente. Déjelos en remojo durante 2 o 3 minutos, hasta que se ablanden. Escúrralos y resérvelos. Mezcle en un recipiente la salsa de soja clara, el *mirin*, el aceite de sésamo, el azúcar y la guindilla seca y reserve.

Caliente un wok hasta que una gota de agua se evapore en uno o dos segundos. Añada el aceite de cacahuete o aceite vegetal, el ajo y las cebolletas, y rehóguelos hasta que comiencen a dorarse. Agregue el pollo y remueva durante 1 o 2 minutos, hasta que comience a cocinarse.

Incorpore el repollo y cocínelo hasta que esté casi tierno; a continuación, añada los tirabeques, los fideos y la mezcla de salsa de soja y remueva durante 1 o 2 minutos, hasta que los fideos estén calientes y las verduras estén tiernas pero crujientes. Sirva inmediatamente.

Para 4 personas

pollo con gambas, fideos al huevo y albahaca

véanse variaciones en la página 278

El ajo y el jengibre frescos confieren a esta receta un sabor excelente. Pueden encontrarse en casi todas las tiendas, pero también pueden adquirirse machacados en conserva. Siga las instrucciones del tarro para saber la cantidad que debe utilizar.

2 cucharadas de aceite de cacahuete
    o aceite vegetal
2 dientes de ajo, finamente picados
25 g de jengibre fresco, finamente picado
1 cebolla roja grande, picada
225 g de filetes de muslo de pollo en tiras
225 g de gambas peladas y limpias

1 pimiento verde, cortado en trozos pequeños
½ coliflor pequeña, cortada en trozos pequeños
3 cucharadas de salsa de soja clara
2 cucharadas de salsa *kecap manis*
450 g de fideos *hokkien* frescos
125 ml de agua
1 manojo pequeño de albahaca fresca, picada

Caliente un wok hasta que una gota de agua se evapore en uno o dos segundos. Añada el aceite, el ajo, el jengibre y la cebolla roja, y cocínelos hasta que comiencen a dorarse. Agregue el pollo y remueva durante 2 o 3 minutos, hasta que comience a cocinarse.

Incorpore las gambas y remueva durante 1 o 2 minutos, hasta que comiencen a cambiar de color. Añada el pimiento y la coliflor, y remueva durante 1 o 2 minutos. Vierta la salsa de soja clara, la salsa *kecap manis*, los fideos y el agua, y remueva durante 2 o 3 minutos, hasta que los fideos y las verduras estén en su punto. Vierta más agua en caso de que sea necesario. Corone con la albahaca picada y sirva inmediatamente.

Para 4 personas

fideos al huevo con verduras (*lo mein* con verduras)

véanse variaciones en la página 279

El *lo mein* y el *chow mein* se preparan de manera bastante similar, pero la diferencia reside, por lo general, en los fideos: los fideos de *chow mein* se fríen en el wok hasta que están crujientes, y los fideos de *lo mein* son más suaves, ya que se añaden a la salsa del wok.

450 g de fideos frescos al huevo, finos
2 cucharadas de aceite de cacahuete
   o aceite vegetal
2 dientes de ajo, finamente picados
4 cebolletas, picadas
8 setas *shiitake*, laminadas
8 champiñones pequeños,
   laminados
1 zanahoria, cortada en rodajas

1 pimiento amarillo, cortado
   en rodajas
225 g de judías verdes, limpias
225 g de tirabeques, limpios
1 cucharada de vino de arroz chino
1 cucharadita de azúcar de palma de coco
   o azúcar moreno
60 ml de salsa de soja clara
2 cucharadas de salsa de soja oscura

Ponga los fideos al huevo en un recipiente resistente al calor, cúbralos totalmente con agua hirviendo y déjelos en remojo durante 1 o 2 minutos, hasta que se ablanden. Escúrralos y resérvelos.

Caliente un wok hasta que una gota de agua se evapore en uno o dos segundos. Añada el aceite, el ajo y las cebolletas, y cocínelos hasta que comiencen a dorarse. Agregue las setas y los champiñones, y remueva hasta que comiencen a cocinarse. Incorpore la zanahoria y el pimiento, y remueva durante 1 o 2 minutos, hasta que comiencen a ablandarse.

Añada las judías verdes y saltéelas durante 1 minuto. A continuación, agregue los tirabeques, el vino de arroz, el azúcar, los fideos, la salsa de soja clara y la salsa de soja oscura y remueva durante 1 o 2 minutos, hasta que las verduras estén tiernas pero crujientes. Sirva inmediatamente.

Para 4 personas

variaciones

fideos de arroz al estilo tailandés (*pad thai*)

véase receta base en la página 229

pad thai con pollo
Prepare la receta base, pero sustituya las gambas por 450 g de pechuga de pollo sin piel cortada en trozos pequeños.

pad thai con cerdo
Prepare la receta base, pero sustituya las gambas por 450 g de filetes de cerdo cortados en tiras.

pad thai vegetariano
Prepare la receta base, pero omita la salsa de pescado y las gambas. Sustituya la salsa de pescado por salsa de soja, aumente la cantidad de tofu a 450 g y añádalo al wok después de las cebolletas. Elabore la receta siguiendo las instrucciones.

pad thai con calamares
Prepare la receta base, pero omita las gambas. Corte 450 g de calamares limpios por la mitad a lo largo, realice unos cortes diagonales en el interior de manera que quede un dibujo de rombos y córtelos en tiras. Utilícelos en lugar de las gambas.

variaciones

fideos con huevo, verduras y albahaca

véase receta base en la página 230

fideos con huevo, verduras y guindilla
Prepare la receta base, pero omita la albahaca. Añada al wok 2 guindillas rojas sin semillas y finamente picadas con el ajo, el jengibre y la cebolla roja.

fideos con verduras, albahaca y guindilla
Prepare la receta base, pero omita los huevos. Añada al wok 2 guindillas rojas sin semillas y finamente picadas con el ajo, el jengibre y la cebolla roja.

fideos con pollo, verduras y albahaca
Prepare la receta base, pero omita los huevos. Añada al wok 450 g de filetes de pechuga de pollo en tiras después del ajo, el jengibre y la cebolla roja.

fideos con huevo, verduras y gambas
Prepare la receta base, pero omita la albahaca. Añada al wok 450 g de gambas peladas y limpias después del ajo, el jengibre y la cebolla roja.

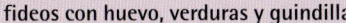

variaciones

arroz frito al estilo chino

véase receta base en la página 232

arroz frito al curri

Omita la salchicha china, los guisantes y la salsa de ostras de la receta base. Sustituya
la salchicha china por 225 g de jamón picado y añada al wok 1 cucharada de curri en polvo
con el jamón y las cebolletas. Elabore la receta siguiendo las instrucciones y sustituya los guisantes
por 2 zanahorias picadas.

arroz frito al estilo de Estados Unidos

Omita la salchicha china, los guisantes y la salsa de ostras de la receta base. Sustituya la salchicha
china por 225 g de bacon picado, los guisantes por 2 tomates picados y la salsa de ostras por
2 cucharadas de kétchup.

arroz frito al estilo hawaiano

Omita la salchicha china y los guisantes de la receta base. Sustituya la salchicha china
por 225 g de jamón picado y los guisantes por 1 lata (225 g) de piña troceada escurrida.

arroz frito especial

Prepare la receta base, pero reduzca a la mitad la cantidad de salchicha china y añada al wok
125 g de pollo asado troceado y 125 g de gambas cocinadas con cáscara con los guisantes.

variaciones

fideos con huevo, cerdo y soja al estilo tailandés (*phat si–io*)

véase receta base en la página 234

fideos con huevo, cerdo y soja al estilo malayo (*char kway teow*)
Omita el brócoli chino de la receta base. Añada al wok 6 cebolletas picadas y 1 cucharadita de pasta de gambas con el ajo y la guindilla. Elabore la receta siguiendo las instrucciones, pero sustituya el brócoli chino por 450 g de brotes de alubias.

phat si–io con ternera
Prepare la receta base, pero sustituya la carne de cerdo por 450 g de filetes finos de ternera.

phat si–io con gambas
Prepare la receta base, pero sustituya la carne de cerdo por 450 g de gambas peladas y limpias.

phat si–io con pollo
Prepare la receta base, pero sustituya la carne de cerdo por 450 g de filetes finos de pechuga de pollo en tiras.

variaciones

arroz frito con pollo al estilo tailandés (*khao pad*)

véase receta base en la página 235

arroz frito con gambas al estilo tailandés
Prepare la receta base, pero sustituya el pollo por 450 g de gambas peladas y limpias.

arroz frito vegetariano al estilo tailandés
Omita el pollo y la salsa de pescado de la receta base. Sustituya el pollo por 450 g de tofu extrafirme picado y la salsa de pescado por salsa de soja adicional, al gusto.

arroz frito con cerdo al estilo tailandés
Prepare la receta base, pero sustituya el pollo por 450 g de filetes de cerdo cortados en trozos pequeños.

arroz frito con cangrejo al estilo tailandés
Prepare la receta base, pero sustituya el pollo por 450 g de carne de cangrejo fresca. Elabore la receta siguiendo las instrucciones, con cuidado de no cocinar demasiado la carne de cangrejo: retírela del wok antes de añadir el arroz y vuelva a incorporarla cuando esté terminando de cocinar el plato.

variaciones

arroz frito al estilo indonesio (*nasi goreng*)

véase receta base en la página 236

nasi goreng con tomate y guindilla
Prepare la receta base y añada al wok 2 quindillas rojas largas, sin semillas y finamente picadas
con el ajo y la cebolleta. Agregue 2 tomates grandes picados con las gambas y los brotes de alubias.

nasi goreng con ternera
Prepare la receta base, pero sustituya el pollo por 225 g de filetes finos de ternera en tiras.

nasi goreng con marisco
Omita el pollo de la receta base. Elabore la receta siguiendo las instrucciones, pero añada
al wok 225 g de pescado blanco firme sin piel, sin espinas y cortado en trozos pequeños en lugar
del pollo y 125 g de carne de cangrejo cocinada al mismo tiempo que las gambas.

nasi goreng vegetariano
Omita la pasta de gambas, el pollo, el beicon y las gambas de la receta base. Sustituya el beicon
y el pollo por 300 g de tofu extrafirme cortado en trozos pequeños. Elabore la receta siguiendo
las instrucciones, pero añada al wok 3 *bok choy* pequeños picados con los brotes de alubias.

nasi goreng con champiñones
Elabore la receta base siguiendo las instrucciones, pero añada al wok 2 champiñones Portobello
laminados con el pollo y el apio.

cerdo con gambas y fideos *hokkien* (*hokkien mee*)

véase receta base en la página 238

hokkien mee con filetes rusos de pescado

Prepare la receta base, pero sustituya las gambas por 225 g de filetes rusos de pescado cortados en trozos. Los filetes rusos de pescado pueden encontrarse congelados en la mayoría de tiendas especializadas en productos asiáticos.

hokkien mee vegetariano

Omita la carne de cerdo, las gambas y la salsa de ostras de la receta base. Sustituya la carne de cerdo por 450 g de tofu extrafirme cortado en trozos pequeños y las gambas por 225 g de champiñones pequeños laminados. Elabore la receta siguiendo las instrucciones.

hokkien mee con pollo

Prepare la receta base, pero sustituya la carne de cerdo por 450 g de filetes finos de muslo de pollo en tiras.

hokkien mee picante

Prepare la receta base siguiendo las instrucciones, pero añada al wok 2 guindillas rojas sin semillas y finamente picadas con el ajo y 2 o 3 cucharadas de salsa picante, al gusto, con el caldo de pollo.

variaciones

arroz frito con marisco

véase receta base en la página 240

arroz frito con pescado
Prepare la receta base, pero sustituya las gambas, los calamares, las vieiras y la carne
de cangrejo por 450 g de pescado firme sin piel, sin espinas y cortado en trozos pequeños.

arroz frito con marisco, albahaca y guindilla
Prepare la receta base, pero añada al wok 2 guindillas rojas sin semillas y finamente picadas
con el ajo, el jengibre y la cebolleta. Elabore la receta siguiendo las instrucciones y añada
1 manojo pequeño de albahaca fresca picada justo antes de servir.

arroz frito con marisco y tirabeques
Prepare la receta base, pero sustituya los brotes de alubias por 225 g de tirabeques
limpios picados.

arroz frito con marisco y filetes rusos de pescado
Prepare la receta base, pero sustituya las vieiras y la carne de cangrejo por 225 g de filetes
rusos de pescado cortados en trozos.

arroz frito con huevo, guisantes y guindilla

véase receta base en la página 241

arroz frito con huevo, gambas y guisantes

Prepare la receta base, pero añada al wok 225 g de gambas pequeñas cocinadas con el arroz. Elabore la receta siguiendo las instrucciones.

arroz frito con huevo, guisantes y *sambal*

Prepare la receta base y añada al wok 2 o 3 cucharaditas de *sambal oelek*, al gusto, con las cebolletas y los guisantes. Elabore la receta siguiendo las instrucciones.

arroz integral frito con huevo, guisantes y guindilla

Prepare la receta base, pero sustituya el arroz de grano largo por 400 g (peso sin cocinar) de arroz integral de grano largo, cocinado y frío.

arroz frito con huevo, guisantes y limón

Prepare la receta base, pero omita la guindilla roja finamente picada. Elabore la receta siguiendo las instrucciones y añada al wok 1 cucharada de citronela finamente picada con el ajo y 2 cucharadas de zumo de limón y 1 cucharadita de azúcar con la salsa de soja. Sirva con cuñas de limón.

variaciones

fideos al curri verde

véase receta base en la página 242

fideos al curri rojo
Prepare la receta base, pero sustituya la pasta de curri verde por 2 cucharadas de pasta de curri rojo.

fideos al curri amarillo
Prepare la receta base, pero sustituya la pasta de curri verde por 2 cucharadas de pasta de curri amarillo.

fideos al curri verde con pollo
Prepare la receta base, pero sustituya el tofu por 450 g de filetes finos de muslo de pollo en tiras.

fideos al curri verde con gambas
Prepare la receta base, pero sustituya el tofu por 450 g de gambas peladas y limpias.

arroz frito con champiñones, gambas y jengibre

véase receta base en la página 244

arroz frito con brócoli, gambas y jengibre

Prepare la receta base, pero omita los champiñones. Añada al wok las gambas después del ajo, el jengibre y las cebolletas, y saltéelos durante 1 o 2 minutos. Agregue 2 brócolis medianos cortados en trozos pequeños y remueva durante 1 o 2 minutos. Elabore la receta siguiendo las instrucciones.

arroz frito con ajo, champiñones y gambas

Omita el jengibre de la receta base y aumente la cantidad de ajo a 4 dientes.

arroz frito con champiñones, calamares y jengibre

Prepare la receta base, pero omita las gambas. Corte 450 g de calamares limpios por la mitad a lo largo, realice unos cortes diagonales en el interior de manera que quede un dibujo de rombos y córtelos en tiras. Sustituya las gambas por los calamares.

arroz frito con gambas, castañas de agua y jengibre

Reduzca a la mitad la cantidad de champiñones de la receta base. Prepare la receta siguiendo las instrucciones, pero añada al wok 2 latas (225 g) de castañas de agua escurridas con las espinacas baby.

arroz integral frito con pavo, jengibre y cilantro

véase receta base en la página 246

arroz integral frito con cerdo, jengibre y cilantro
Prepare la receta base, pero sustituya la carne de pavo picada por 450 g de carne de cerdo picada.

arroz integral frito con pollo, jengibre y cilantro
Prepare la receta base, pero sustituya la carne de pavo picada por 450 g de carne de pollo picada.

arroz integral frito con pavo, ajo y jengibre
Omita el cilantro de la receta base y aumente la cantidad de ajo a 4 dientes finamente picados.

arroz integral frito con pavo, cilantro y guindilla
Reduzca la cantidad de jengibre de la receta base a 25 g. Prepare la receta siguiendo las instrucciones, pero añada al wok 2 guindillas rojas sin semillas y finamente picadas con el ajo, el jengibre y la cebolleta. Sirva con guindilla roja finamente picada.

variaciones

ternera con repollo y fideos *udon*

véase receta base en la página 247

pollo con repollo y fideos *udon*
Prepare la receta base, pero sustituya la carne de ternera por 450 g de filetes de pechuga de pollo en tiras.

ternera con pimientos rojos y fideos *udon*
Prepare la receta base, pero sustituya el repollo chino por 3 pimientos rojos cortados en rodajas.

gambas con *bok choy* y fideos *udon*
Omita la carne de ternera y el repollo chino de la receta base. Prepare la receta siguiendo las instrucciones, pero sustituya la carne de ternera por 450 g de gambas peladas y limpias y el repollo chino por 8 *bok choy* pequeños cortados en trozos pequeños.

verduras con fideos *udon*
Prepare la receta base, pero sustituya la carne de ternera por 1 zanahoria mediana cortada en rodajas y 1 pimiento rojo grande también cortado en rodajas. Elabore la receta siguiendo las instrucciones, pero añada al wok 225 g de brotes de alubias con el repollo chino.

fideos con brócoli y tofu en salsa de soja dulce

véase receta base en la página 248

fideos con huevo, brócoli y tofu en salsa de soja dulce

Prepare la receta base siguiendo las instrucciones y pase los fideos a una bandeja de servir cubierta para que se mantengan calientes. Ponga una sartén en el fuego, añada 2 cucharadas de aceite y, a continuación, 4 huevos con cuidado. Fría los huevos hasta que las claras estén cuajadas y las yemas sigan líquidas, según su preferencia. Sirva los fideos y coloque un huevo en cada plato.

fideos con brócoli, tofu y guindilla en salsa de soja dulce

Prepare la receta base siguiendo las instrucciones y añada al wok 2 guindillas rojas largas sin semillas y finamente picadas con el ajo, el jengibre y la cebolla.

fideos con brócoli y champiñones en salsa de soja dulce

Prepare la receta base, pero sustituya el tofu por 450 g de champiñones laminados.

fideos con repollo chino y tofu en salsa de soja dulce

Prepare la receta base, pero sustituya el brócoli por ½ repollo chino pequeño cortado en trocitos.

variaciones

fideos de arroz con *tempeh* y guindilla

véase receta base en la página 250

fideos de arroz con tofu y guindilla
Prepare la receta base, pero sustituya el *tempeh* por 450 g de tofu extrafirme cortado
en trozos pequeños.

fideos de arroz con verduras y guindilla
Prepare la receta base, pero sustituya el *tempeh* por 1 brócoli grande cortado en trozos pequeños.
Añada 125 g de espinacas baby justo antes de servir.

fideos al huevo con *tempeh* y guindilla
Omita los fideos de arroz de la receta base. Ponga en remojo 450 g de fideos al huevo
en agua caliente durante 2 o 3 minutos, escúrralos y utilícelos en lugar de los fideos de arroz.

fideos de arroz con *tempeh* y *sambal*
Prepare la receta base, pero sustituya la guindilla por 1 o 2 cucharadas de *sambal oelek*,
al gusto.

variaciones

ternera con *vermicelli* de arroz al estilo vietnamita

véase receta base en la página 252

pollo con *vermicelli* de arroz al estilo vietnamita
Prepare la receta base, pero sustituya la carne de ternera por 450 g de filetes de muslo
de pollo en tiras.

ternera con *vermicelli* de arroz y citronela al estilo vietnamita
Añada 1 tallo de citronela sin las hojas exteriores ni la raíz y con la parte blanca finamente
picada a la mezcla de la carne de ternera. Elabore la receta siguiendo las instrucciones.

ternera con *vermicelli* de arroz y guindilla al estilo vietnamita
Prepare la receta base, pero añada al wok 2 guindillas rojas sin semillas y finamente picadas
con la cebolla, las zanahorias y el apio. Sirva con guindilla roja picada.

tofu con *vermicelli* de arroz al estilo vietnamita
Prepare la receta base, pero sustituya la carne de ternera por 450 g de tofu extrafirme cortado
en trozos pequeños.

variaciones

chow mein con cerdo

véase receta base en la página 254

chow mein con pollo
Prepare la receta base, pero sustituya la carne de cerdo picada por 450 g de carne de pollo picada.

chow mein con gambas
Prepare la receta base, pero sustituya la carne de cerdo picada por 450 g de gambas peladas, limpias y picadas.

chow mein vegetariano
Omita la carne de cerdo picada, la salsa de ostras y el caldo de pollo de la receta base. Elabore la receta siguiendo las instrucciones, pero sustituya la carne de cerdo por 450 g de tofu extrafirme picado, la salsa de ostras por 60 ml de salsa de alubias negras y el caldo de pollo por 125 ml de caldo de verduras.

chow mein con ternera
Prepare la receta base, pero sustituya la carne de cerdo picada por 450 g de carne de ternera picada.

variaciones

pollo con fideos al estilo japonés

véase receta base en la página 255

ternera con fideos al estilo japonés
Prepare la receta base, pero sustituya el pollo por 450 g de filetes finos de solomillo
de ternera en tiras.

gambas con fideos al estilo japonés
Prepare la receta base, pero sustituya el pollo por 450 g de gambas peladas y limpias.

tofu con fideos al estilo japonés
Prepare la receta base, pero sustituya el pollo por 450 g de tofu extrafirme cortado
en trozos pequeños.

pollo picante con fideos
Elabore la receta siguiendo las instrucciones, pero aumente la cantidad de guindilla seca
de 1 a 2 cucharaditas, al gusto, y añada 1 o 2 cucharadas de salsa picante a la mezcla de la salsa.

pollo con gambas, fideos al huevo y albahaca

véase receta base en la página 256

pollo con gambas, fideos al huevo y anacardos

Prepare la receta base, pero sustituya la albahaca por 100 g de anacardos tostados, que deberá añadir al plato justo antes de servirlo.

pavo con gambas, fideos al huevo y albahaca

Prepare la receta base, pero sustituya el pollo por 225 g de pechuga de pavo cortada en trozos pequeños.

pollo con gambas y *vermicelli* de arroz

Omita los fideos al huevo de la receta base. Ponga 300 g de *vermicelli* de arroz en un recipiente, cúbralos con agua caliente y déjelos en remojo hasta que se ablanden. Escúrralos. Prepare la receta siguiendo las instrucciones, pero sustituya los fideos al huevo por los de arroz y reduzca la cantidad de agua a 60 ml.

cerdo con gambas, fideos al huevo y albahaca

Prepare la receta base, pero sustituya el pollo por 225 g de filetes de cerdo en tiras.

fideos al huevo con verduras (*lo mein* con verduras)

véase receta base en la página 258

lo mein con pollo

Omita la zanahoria, el pimiento amarillo y las judías verdes de la receta base. Elabore el plato siguiendo las instrucciones, pero añada al wok 450 g de filetes de pechuga de pollo en tiras después de los champiñones.

lo mein con cerdo

Prepare la receta base, pero sustituya los champiñones por 450 g de filetes finos de cerdo en tiras.

lo mein con ternera

Prepare la receta base, pero sustituya los champiñones por 450 g de filetes finos de solomillo de ternera en tiras.

lo mein con gambas

Prepare la receta base, pero sustituya los champiñones por 450 g de gambas peladas y limpias.

glosario

aceite: ingrediente importante para cocinar en un wok, que puede cambiar el sabor del plato e influir en la temperatura máxima a la que se puede calentar el wok, puesto que no todos los aceites tienen el mismo punto de humo o de inflamabilidad. Para cocinar en un wok, el fuego debe estar alto, por lo que los mejores aceites son el aceite de cacahuete, los aceites vegetales (como el de canola), el aceite de coco, el aceite de pepitas de uva y el aceite de salvado de arroz.

albahaca: existen numerosas variedades de albahaca, además de la albahaca dulce mediterránea. La albahaca morada presenta unas hojas moradas de gran tamaño y un sabor dulce que recuerda al jengibre; la albahaca sagrada, o albahaca picante, tiene un sabor picante parecido al del ajo; y la albahaca tailandesa tiene un sabor ligeramente anisado como el del regaliz y pequeñas hojas verdes con tallos morados.

azúcar de palma de coco: se elabora con la savia de las palmeras y se comercializa sin refinar. Se trata de un azúcar suave, pero en ocasiones viene en formato sólido, y para utilizarlo es necesario rallarlo. Si no lo encuentra, use una cantidad equivalente de azúcar moreno.

castañas de agua: tubérculos pequeños de color marrón con una carne blanca y crujiente y un sabor a frutos secos. Su apariencia hace honor a su nombre. Pueden encontrarse frescas o enlatadas y se utilizan en la cocina asiática para aportar textura. Normalmente se añaden al final de la cocción.

cebollino chino: más que como hierba aromática se usa como vegetal, y puede presentar o bien una hoja larga y plana de color verde y un fuerte sabor a ajo, o bien una hoja de color amarillo y un sabor más suave. También se conoce como cebollino ajo o ajo tierno chino.

chalotas fritas: se utilizan como condimento o decoración con el fin de añadir sabor y textura a los platos salados. Pueden encontrarse en casi todas las tiendas.

cilantro: hierba aromática con hojas de color verde brillante y un sabor intenso. Los tallos y raíces se utilizan en la cocina tailandesa y las hojas pueden añadirse al final de la cocción o pueden usarse para decorar. Las semillas secas aportan un sabor suave con un toque de limón.

citronela: hierba alta que se aglutina y tiene aroma y sabor a limón. La parte inferior, de color blanco, se utiliza finamente picada y los tallos se usan machacados para la cocción y se retiran antes de servir.

crucíferas: las variedades de repollo y brócoli de la familia de las crucíferas que se utilizan en la cocina asiática son muy numerosas.

El ***bok choy*** es un repollo de sabor suave con un tallo grueso de color blanco o verde claro y hojas abiertas de color verde oscuro. También se conoce como repollo blanco chino y *pak choi.*

El **brócoli chino** es similar al occidental, pero los ramitos son más pequeños, los tallos más largos, las hojas más gruesas y el sabor un poco más amargo. Existen variedades verdes y moradas oscuras. Los tallos se utilizan junto con las hojas y los ramitos. Los de mayor tamaño, más duros, deben pelarse. También se conoce como *kale* chino, *kai lan, gai larn, gai lum* y *kanah.*

El ***choy sum*** presenta un sabor suave con un toque de mostaza y tallos de color verde claro, hojas suaves de color verde y pequeños grupos de flores en las puntas de los brotes interiores.

El **repollo chino** tiene un sabor suave con un toque dulce y es muy versátil. Puede consumirse crudo o cocinado. Tiene forma alargada y sus hojas son rizadas y de color verde claro. Se puede picar o cortar en juliana para cocinarlo al wok y se debe añadir hacia el final de la cocción, descartando el tronco central. También se conoce como repollo napa, repollo de Pekín, col de Pekín, col china, *petsai, wom bok* y *wong bok.*

El *tatsoi* es un tipo de *bok choy* con hojas de color verde oscuro brillante que crecen desde el centro hacia fuera.

daikon: miembro de la familia de los nabos que tiene una carne firme, blanca y crujiente con un sabor suave similar al de los nabos blancos. El sabor de algunas variedades presenta un toque de pimienta. El *daikon* fresco es firme, liso y algo brillante. También se conoce como rábano blanco, nabo japonés y *mooli*.

fideos: son muy fáciles de preparar y no deben faltar en nuestra despensa. Pueden elaborarse con harina de maíz, harina de trigo, fécula de judías *mungo* o fécula de patata y presentan una gran diversidad de formas, texturas y grosores.

Fideos al huevo: se elaboran con huevo y harina de trigo y se encuentran disponibles en una gran cantidad de formatos diversos.

Fideos celofán: elaborados con fécula de judías *mungo*, estos fideos se vuelven transparentes al cocinarlos. También se conocen como fideos de cristal.

Fideos de arroz: se elaboran con harina de arroz y agua. Algunos de ellos (como los fideos de arroz largos y los *vermicelli*) se encuentran disponibles secos y otros (como los *laksa*) se venden frescos.

Fideos de trigo: finos y redondeados, están elaborados con harina de trigo. Pueden encontrarse secos y frescos.

Fideos *hokkien*: son gruesos y redondeados. Vienen en paquetes parcialmente cocinados y con un poco de aceite.

Fideos *ramen*: fideos al huevo que pueden encontrarse frescos, secos o en formato instantáneo.

Fideos *soba*: son de origen japonés y están elaborados con trigo sarraceno solo o mezclado con trigo. Una vez cocinados, presentan una textura firme, un color marrón claro y un ligero sabor a frutos secos.

Fideos *udon*: fideos japoneses gruesos de color blanco que están elaborados con harina de trigo. Pueden encontrarse frescos, secos y congelados.

galangal: emparentado con el jengibre, el galangal es un rizoma (o tubérculo) de sabor picante con toques de jengibre y cítricos que se utiliza de manera similar al ajo y el jengibre. Puede encontrarse en casi todas las tiendas especializadas en productos asiáticos.

guindilla: las guindillas pertenecen a la familia de los pimientos y son originarias de América Central y del Sur. Se utilizan frescas, secas o en polvo para elaborar pastas, salsas y aceites. Las guindillas no solo aportan picante, sino que tienen sabores característicos y se usan de maneras determinadas. El grado de picante de las guindillas es muy variable, incluso dentro de las que pertenecen a una misma variedad. En los platos al wok, las que más se utilizan son las guindillas verdes y las guindillas rojas largas, que son bastante suaves, así como las guindillas ojo de pájaro, que son bastante picantes.

judías *yardlong*: judías largas y sin hebras, de color verde, que pueden crecen hasta alcanzar los 40 cm. Su sabor es similar al de otras judías. Normalmente pueden encontrarse en tiendas especializadas en productos asiáticos, pero se pueden sustituir por judías verdes sin hebras.

kecap manis: salsa de soja oscura, dulce y densa elaborada con soja negra. También se conoce como *ketjap manis* o *sieu wan*.

lima kaffir, hojas de: normalmente se encuentran unidas de dos en dos formando una figura parecida a un ocho. Presentan un fuerte sabor a lima y son de color verde oscuro. Pueden encontrarse frescas, congeladas y secas en tiendas especializadas en productos asiáticos y se usan de manera similar al laurel. Cuando se emplean hojas secas es necesario duplicar la cantidad porque su sabor no es tan fuerte como el de las frescas.

loto, raíz de: el rizoma (o tubérculo) subacuático de la planta de loto. Presenta un sabor fresco y delicado y una bella apariencia, ya que los orificios internos forman una imagen floral al cortarla. Se puede encontrar fresca, congelada, seca y en conserva en tiendas especializadas en productos asiáticos.

menta vietnamita: presenta un intenso sabor que recuerda a la pimienta, parecido al del cilantro, pero más profundo. En realidad, no es un tipo de menta, sino que pertenece a la familia del trigo sarraceno.

pasta de gambas: elaborada a base de gambas parcialmente fermentadas, molidas, saladas y secas. Presenta un sabor salado e intenso y debe utilizarse en cantidades muy pequeñas como condimento para platos asiáticos.

pasta de *miso*: elaborada con soja fermentada, aporta profundidad y sabor a los platos.

pastas de curri: aunque las pastas de curri sirven como base para los platos de curri, también pueden utilizarse para aportar sabor adicional a los platos al wok sin que se requiera mucha preparación. Suelen contener pasta de gambas, guindilla, cebolla, ajo, citronela, galangal y cilantro, junto con otras especias, y se mezcla formando una pasta.

pastas de guindilla: se utilizan como condimentos para los platos asiáticos y varían dependiendo de su región de origen. Algunas son dulces, picantes y espesas; otras, como el *sambal oelek*, son picantes, saladas y agrias.

pastas y salsas de legumbres: utilizadas en China durante milenios, las pastas y salsas de legumbres se elaboran con soja negra y amarilla fermentada y salada. Presentan un fuerte aroma y se utilizan para sazonar platos cocinados al wok y otras comidas. Algunas de ellas contienen guindilla u otros condimentos. También podemos adquirir soja negra y amarilla fermentada sin procesar para crear nuestras propias salsas.

pimienta de Sichuán: se utiliza ampliamente en la cocina china y tiene un aroma suave a pimienta con toques de madera y cierto sabor picante. Se elabora a partir de las bayas rojas del fresno espinoso y se comercializa entera o molida. También se conoce como *xanthoxylan*.

salsa de ostras: salsa espesa, de sabor intenso y de color marrón que se elabora a partir de ostras secas en salmuera y salsa de soja, además de contener féculas para espesarla. Aporta sabor a los platos cocinados y puede utilizarse como condimento. Existe una versión vegetariana que contiene setas en lugar de ostras.

salsa de pescado: se elabora con pescado o gambas en salazón, que se colocan en barriles formando capas y se dejan fermentar durante tres meses. La salsa de pescado es un líquido de color entre ámbar y marrón oscuro y tiene un sabor salado e intenso. Si no encuentra salsa de pescado, puede añadir sal al gusto.

salsa *hoisin*: salsa dulce, salada y picante de color marrón rojizo originaria de China y elaborada con soja fermentada, cebolla, ajo, azúcar y especias. Además de utilizarse como salsa en las recetas al wok, puede usarse para marinar y rociar durante la cocción.

tamarindo, pulpa de: pulpa densa y carnosa con sabor agridulce y ligeramente astringente. Se extrae de las vainas del árbol del tamarindo y se utiliza para condimentar la comida. Puede adquirirse en forma de concentrado o pasta, pero en ocasiones se encuentra en forma de bloque duro. En este último caso, deberá dejarse en remojo y pasarse por un chino con el fin de separar la pulpa de las semillas. Si no encuentra pasta de tamarindo puede sustituirla por una mezcla a partes iguales de azúcar y zumo de lima.

***tempeh*:** alimento elaborado a partir de soja parcialmente fermentada.

vino de arroz: se utiliza a menudo en la cocina asiática para aportar sabor. En las tiendas especializadas en productos asiáticos pueden encontrarse varios tipos, entre ellos el *shaoxing*, un vino de arroz chino, y el *mirin*, un vino de arroz japonés; no obstante, también puede sustituirse por la misma cantidad de vino blanco seco, vino de jerez seco o vermut seco.

índice